MOEWIG
DOKUMENTATION

Zum Buch

Im Kampf um die Macht war es Hitler, der die Grundsätze der Propaganda formulierte, und es war Dr. Joseph Goebbels, der die Hitlerschen Prinzipien in die Praxis umsetzte. Er tat dies mit einem Ideenreichtum und einer Phantasie, die an Genialität grenzten. Das knapp 50jährige Leben dieses katholischen Rheinländers wird hier von Alan Wykes in allen seinen Phasen und Facetten anschaulich geschildert.

Ab November 1926 war Dr. Goebbels Gauleiter der NSDAP in Berlin und leistete einen entscheidenden Beitrag zu Hitlers Weg an die Macht.

Zu noch größeren Touren liefen Goebbels' propagandistische Fähigkeiten auf, nachdem er am 13. März 1933 zum „Reichsminister für Volksaufklärung und Propaganda" ernannt worden war. Bald war er der fast uneingeschränkte Herr über Presse und Rundfunk, Film und Theater, Literatur, Musik und bildende Kunst. Seine Berufung zum „Generalbevollmächtigten für den totalen Kriegseinsatz" bildete den Höhepunkt seiner politischen Laufbahn.

Kein anderer NSDAP-Politiker – mit späterer Ausnahme von Martin Bormann – hatte größeren Einfluß auf Hitler, dessen Schicksal Dr. Goebbels auch im Tode teilte, indem er sich am 1. 5. 45 mit seiner gesamten Familie im Bunker der Reichskanzlei das Leben nahm.

Zum Autor

Alan Wykes ist mit dieser Darstellung von Dr. Joseph Goebbels nicht zum ersten Male in den Moewig-Dokumentationen vertreten. Es liegen von ihm bereits Taschenbuchbände über den „Reichsführer SS Himmler" (Nr. 4315) und „Reinhard Heydrich" (Nr. 4320) vor. Wykes ist ein außerordentlich vielseitiger Schriftsteller, der so unterschiedliche Themen wie transatlantischer Luftverkehr, Segeljacht-Regatten, amerikanische Literatur, Glücksspiele und Zeitgeschichte behandelt hat.

Alan Wykes

Joseph Goebbels

Der Reichspropaganda-
minister

MOEWIG
Deutsche Erstausgabe

MOEWIG Band Nr. 4357
Verlag Arthur Moewig GmbH, Rastatt

Titel der Originalausgabe: Goebbels
Aus dem Amerikanischen von Klaus Mahn

Copyright © 1973 Ballantine Books Inc.
Copyright © 1986 der deutschen Übersetzung
by Verlag Arthur Moewig GmbH, Rastatt
Alle Fotos: Bilderdienst Süddeutscher Verlag, München
Umschlagentwurf und -gestaltung: Franz Wöllzenmüller, München
Verkaufspreis inkl. gesetzl. Mehrwertsteuer
Auslieferung in Österreich:
Pressegroßvertrieb Salzburg, Niederalm 300, A-5081 Anif
Printed in Germany 1986
Druck und Bindung: Ebner Ulm
ISBN 3-8118-4357-5

Inhaltsverzeichnis

Der Propagandaminister

Einleitung von Barrie Pitt

Wenn man über Hitlers Henkersknechte schreibt, wird eines bald offenbar: So groß ihre individuelle Macht auch gewesen sein mag, Hitler selbst gegenüber waren sie weiter nichts als Handlanger, Speichellecker sogar in vielen Fällen. Schuld daran war nicht nur Hitlers dominierende Persönlichkeit, nicht einmal so sehr seine Stellung an der Spitze der nationalsozialistischen Hierarchie, sondern vor allem seine echte und instinktsichere Überlegenheit in allen Fragen und Methoden einer brutalen Diktatur. Er besaß weitaus größere taktische und strategische Kenntnisse als Göring, ungeachtet dessen vielgepriesener Militärerfahrung. Er hatte ein umfassenderes Verständnis für die internationale Diplomatie als der „Clown" Ribbentrop. Sein instinktgeleitetes Mißtrauen und die Fähigkeit, Intrigen aufzuspüren, waren schärfer entwickelt als bei Himmler – trotz des riesigen, finsteren Machtapparats, den der Reichsführer SS für seine Zwecke aufgebaut hatte.

Auch auf dem Gebiet der Propaganda und in der Kunst, die Meinung der Masse zu beeinflussen, war es Hitler, der die grundlegenden Prinzipien formulierte, die dann von Dr. Joseph Goebbels in die Praxis umgesetzt wurden.

Aber es muß festgehalten werden, daß Goebbels die Entwicklung und Anwendung einseitiger, skrupelloser Propaganda mit einem Ideenreichtum, einem Fingerspitzengefühl und einer Phantasie betrieb, die an Genialität grenzten. „Alle wirksame Propaganda…", hatte Hitler gesagt, „muß sich auf einige wenige, wesentliche Dinge beschränken…nach Möglichkeit stereotypisierend dargestellt…unaufhörlich wiederholt." Von der Mitte der 30er Jahre bis zu den letzten Tagen des Dritten Reichs schrillten und echoten in Deutschland die Kampfrufe „Deutschland erwache", „Ein Volk, ein Reich, ein Führer", „Sieg Heil", „Heil Hitler" und ganz zum Schluß: „Sieg oder bolschewistisches Chaos!" Nicht die Spur einer Zweideutigkeit, keinerlei Nuancen der Bedeutung trübten die kristallklare Einfachheit der Botschaften, die Goebbels an die Massen richtete.

Bei der Organisation der gigantischen Parteiveranstaltungen entwickelte Goebbels seinen eigenen Stil. Hitler war zwar in hohem Maße dafür qualifiziert, als Star aufzutreten; aber Neigung oder Talent als Regisseur von Schauspielen scheint er nicht gehabt zu haben. Die entweder Begeisterung oder Schrecken einflößende Wirkung der großen Parteiversammlungen war in erster Linie dem Talent des kleinwüchsigen Ministers für Volksaufklärung und Propaganda zu verdanken. Der Theaterdirektor, der einst die Bewerbung des jungen Goebbels so verächtlich zurückwies, war wohl doch kein so scharfsichtiger Kenner von Talenten, wie er sich eingebildet haben mag.

Goebbels besaß darüber hinaus bedeutendes dramatisches Talent und unterschied sich auch darin von Hitler. Ich erinnere mich nur zu deutlich, wie ich ihnen beiden zuhörte – damals, als die Macht des nationalsozialistischen Deutschland unüberwindlich zu sein schien. Hitler schrie die Welt an: triumphierend, brutal, herrschsüchtig, furchteinflößend und eben deswegen absolut fesselnd. Goebbels dagegen sprach verhalten, sorgfältig einstudiert, bewegend. Fast kann ich jene wundersamen Worte am Heiligabend des Jahres 1941 noch hören: „...unser schönes Reich, so weiß, so weiß und wunderschön..."

Er konnte einen zum Weinen bringen.

Hitler brachte einen zum Zittern.

Der junge Goebbels

In intellektueller Hinsicht war Paul Joseph Goebbels der interessanteste unter den Großen des Naziregimes. Hinter Hitlers sicherem Instinkt für Fragen der militärischen Strategie verbarg sich ein drittklassiges Gehirn. Görings ohne Zweifel vorhandene Intelligenz wurde durch Selbstüberschätzung und den Hang zum Luxus verdorben. Himmler war ein engstirniger Fanatiker. Goebbels jedoch nutzte seinen Intellekt schöpferisch. Er machte den von Natur aus unentschlossenen Hitler zum eisenharten Messias des Dritten Reiches — oder besser gesagt: Er schuf die Illusion der messianischen Stärke des „Führers". Als Werkzeug diente ihm dazu das gedrechselte Wort. In der Arena der Politik, in der Zweideutigkeit nach Ansicht vieler eine wichtige Rolle spielt, erzielte er Leistungen der Doppelzüngigkeit, die in der modernen Geschichte nicht ihresgleichen haben. Er war ein Virtuose der Lüge, und seine Meisterschaft auf diesem Gebiet war derart, daß er nicht nur aus Weiß Schwarz zu machen verstand: Er konnte jede beliebige Farbe daraus machen, wie es ihm gerade einfiel.

Die Entwicklung seines Intellekts diente ihm in erster Linie als Ausgleich für physische Defekte. Als Kind hatte er Kinderlähmung, und später zog er sich

Knochenmarkentzündung zu. Er war schwächlich und von kleiner Statur. Kinder neigen, wie man weiß, nicht zu übertriebenem Mitgefühl, und obwohl Goebbels während seiner frühen Schuljahre nur selten unter körperlicher Grausamkeit zu leiden hatte, wurde er wegen seiner Schwächlichkeit und Lahmheit, deretwegen er an sportlichen Aktivitäten nicht teilnehmen konnte, häufig verspottet. Infolgedessen gab er sich Mühe, in den rein akademischen Fächern um so größere Leistungen zu erbringen. Dies gelang ihm − zur großen Freude seiner Eltern.

Sein Vater, Friedrich Goebbels, war Angestellter der kleinen Firma W.H. Lennartz in der Textilstadt Rheydt unweit von Düsseldorf. W.H. Lennartz war auf die chemische Behandlung des Baumwollmaterials spezialisiert, aus dem Glühstrümpfe gemacht werden. Friedrich Goebbels begann seine Karriere als Laufjunge und arbeitete sich zum kaufmännischen Angestellten empor. Er war ein ernster Mann und stolz darauf, daß er sich aus eigener Kraft von der Arbeiterklasse (sein Vater, Konrad Goebbels, war Zimmermann) zum Niveau der Gehaltsempfänger aufgeschwungen hatte. Er war überdies ein gläubiger Katholik.

Goebbels' Mutter, Katherina, war holländischer Herkunft. Ihr Mädchenname war Odenhausen. Sie war die Tochter eines Schmiedes, der aus Deutschland in die Niederlande eingewandert war und eine Holländerin, Joanna Coervers, geheiratet hatte. Katherina wurde 1869 im niederländischen Uebach geboren. Auch sie war überzeugte Katholikin.

Der Ehe entsprangen drei Söhne: Konrad, Hans

und Joseph. (Von Josephs erstem Namen Paul wurde offenbar nie Gebrauch gemacht.) Eine Tochter, Elisabeth, starb, als Joseph achtzehn Jahre alt war. Eine zweite Tochter, Maria, war zwölf Jahre jünger als er. Geboren wurde Joseph Goebbels am 29. Oktober 1897. Er kam in einem Haus an der Odenkirchener Straße zur Welt. 1899 bezog die Familie ein anderes Haus, ebenfalls in Rheydt: Dahlener Straße 156. In diesem Haus verbrachte Joseph den Rest seiner Kindheit und einen Großteil seiner Jugend.

Seine Gebrechen wurden durch sein gutes Aussehen kompensiert. Er hatte kräftiges, dunkles Haar, eindrucksvolle braune Augen, gesunde Zähne und elegant geformte Hände. Schon als Kind kümmerte er sich sehr um seine äußere Erscheinung und entwickelte früh eine gewisse Geckenhaftigkeit, die ihn auf dem Höhepunkt seiner Karriere zum Besitzer von mehr als 300 Anzügen machte. Wer ihn verspottete, wurde von ihm mit Schmähreden bedacht, in denen er sich über jedes Detail ihrer Unordentlichkeit oder Unsauberkeit lustig machte. Sein engster Schulfreund, Fritz Prang, schrieb später, daß „man sich während solcher Zornesausbrüche ganz niedergeschmettert fühlte von der Bitterkeit seiner Worte und von der Verachtung, die er einem entgegenspie, nur weil man einen speckigen Kragen hatte oder irgendwo ein Knopf fehlte."

Infolge seiner körperlichen Behinderung wurde er zum Grübler. Aber er grübelte auf konstruktive Weise. Er befaßte sich mit sich selbst, ohne darüber in Selbstmitleid zu versinken. Seine Eltern glaubten gern, er beziehe seine seelische Stärke aus seinem Gottesglauben. Aber Gott war nicht die Quelle seiner Stärke. Er holte sie sich vielmehr aus der Lektüre zahlloser Bücher und Schriften, von denen die meisten dazu angetan waren, ihn gegenüber dem christlichen Glauben eher skeptisch zu machen. Später sagte er einmal über die Heilige Messe, sie sei „der einseitigste Unrat, der der Intelligenz des Menschen jemals zugemutet worden ist, und gleichzeitig ein unumstößlicher Beweis für die Fähigkeit des Menschen, Unsinn zu verdauen." Vorerst hielt er es jedoch für vorteilhaft, den Gläubigen zu mimen, besonders weil ihm darum zu tun war, Hilfe von jenen zu erlangen, die ihn in seiner Karriere fördern konnten. Seine zynische Einstellung Glaubensdingen gegenüber verbarg er geschickt. Seine Doppelzüngigkeit kam auch auf andere Weise zum Ausdruck: zum Beispiel in der Freude, die er empfand, wenn es ihm durch Ausstreuen falscher Informationen wieder einmal gelungen war, eine Bestrafung derjenigen zu bewirken, unter deren Spott er zu leiden hatte. Wegen seiner Schläue erwarb er sich den Spitznamen „Ulix"*. Er trug diesen Namen mit Stolz, wies jedoch stets darauf hin, daß Odysseus sowohl für seinen Mut als auch für seine Schläue bekannt sei. Dies sollte sich auch an Joseph Goebbels bewahrheiten.

Seine Schulausbildung, für die seine Eltern das Geld nur mit Mühe aufbrachten, genoß er am Rheydter Gymnasium. War auch die Finanzierung seiner Ausbildung mühevoll, so erwiesen sich die Resultate als

---

* Kurzform von Ulixes, der lateinischen Fassung des Namens Odysseus

überaus zufriedenstellend. Joseph Goebbels war ein hervorragender Schüler. In Latein, Griechisch, modernen Sprachen, Geschichte, Mathematik, Sozialwissenschaften und Religion hatte er die Position des Klassenprimus quasi gepachtet. Dadurch verschaffte er sich keine Freunde; aber sein Vater lobte ihn oft dafür, daß er sich gegen den Neid der Dümmeren zu behaupten wisse. Daß die Behauptung in erster Linie mit den Waffen des Sarkasmus und der Arroganz bewirkt wurde, scheint Vater Goebbels entgangen zu sein.

Josephs weitere Laufbahn war zunächst problematisch. Als er siebzehn war und der Erste Weltkrieg begann, meldete er sich freiwillig zum Heer, wurde jedoch wegen körperlicher Unzulänglichkeit zurückgewiesen. Er soll damals vor Enttäuschung krank gewesen sein. Dabei ist der Grund seiner Enttäuschung kaum zu verstehen. Er konnte doch bei seiner Intelligenz nicht ernsthaft erwartet haben, angenommen zu werden. (Später schlug er insofern Kapital aus seinem hinkenden Gang, als er auf freundliche Nachfragen mit bescheidener Zurückhaltung erklärte, er sei zu Beginn des Krieges verwundet worden.) Die Zurückweisung brachte jedoch den Vorteil mit sich, daß er seine Ausbildung fortsetzen konnte. Beide Eltern sahen darin eine von Gott gesandte Gelegenheit, den begabten Sohn zum Priester zu machen. Für dieses Amt, meinten sie, sei er vom Schicksal bestimmt.

Fritz Prang erklärt, Goebbels sei unbeschadet seiner wahren Einstellung bereit gewesen, „den religiösen Weg zu gehen, weil er doch mindestens bis zu einem Bischofssitz führen müsse." Sein Ehrgeiz, sagt Prang, ging dahin, eine hohe Position in einer wie auch immer gearteten Hierarchie zu erlangen – nicht notwendigerweise, selbst die Macht in die Hand zu bekommen. Offenbar hatte er keine Zweifel an seinen Fähigkeiten.

Gläubig, wie sie waren, und stolz auf die Begabtheit ihres jüngsten Sohnes, scheuten Friedrich und Katherina Goebbels kein Opfer, um Joseph das Studium und den Erwerb eines akademischen Grades zu ermöglichen. Auch sie hatten ihren Ehrgeiz: ihren Sohn den „Herrn Doktor Joseph Goebbels" nennen zu hören. Im Sommersemester 1917 schrieb er sich an der Universität Bonn ein, nachdem er bei der Reifeprüfung (Abitur) die besten Noten erzielt hatte, die am Rheydter Gymnasium je vergeben worden waren. Aber so hochherzig die finanziellen Opfer seiner Eltern auch gewesen sein mögen, sie reichten nicht aus, um Studiengebühren sowie Unterkunft und Nahrung zu bezahlen. Schon im August 1917 wurde klar, daß Joseph sein Studium würde abbrechen müssen, wenn nicht mehr Geld beschafft werden konnte. An wen sollte er sich wenden? Er verdiente sich ein paar Mark mit Nachhilfestunden; aber das reichte nur hin, daß er sich hin und wieder eine zweite Mahlzeit pro Tag leisten konnte. Die Unterstützung einer wohltätigen Vereinigung war vonnöten. Pater Johannes Mollen, der Rheydter Priester, der alle Goebbels-Kinder in Religion unterrichtet hatte, schlug ein Gesuch an die Albertus-Magnus-Gesellschaft vor, eine reichbegüterte Institution, die unter anderem auch an minderbemittelte Theologiestudenten Geld verschenkt oder verleiht. Mit dem für ihn charakteristischen Zynismus verheimlichte Joseph Goebbels seinen zunehmenden Glaubensmangel, den er später im Rahmen der Nazi-Ideologie so stolz zur Schau stellen sollte, und schrieb an die Gesellschaft den folgenden Brief:

„Ich bitte ergebenst um die Erlaubnis, das Diözesan-Komitee der Gesellschaft um finanzielle Unterstützung für das Wintersemester 1917/18 ersuchen zu dürfen. An Ostern machte ich das Abitur am Gymnasium zu Rheydt. (Das Abschlußzeugnis lege ich bei.) Ich studierte sodann Geschichte und Philologie und bestritt meinen Unterhalt aus eigenen Ersparnissen, erzielt durch das Erteilen von Nachhilfestunden, sowie mit der Unterstützung meines Vaters, der als kaufmännischer Angestellter beschäftigt ist und auf dessen Gehalt von jährlich 4000 Mark vorrangige Ansprüche von seiten meiner zwei Brüder, von denen der eine an der Westfront kämpft, der andere sich in Kriegsgefangenschaft befindet, sowie seitens meiner Mutter und meiner jüngeren Schwester bestehen.

Wegen meines verkrüppelten Beines hat man mir die Teilnahme am Militärdienst untersagt. Ich würde gern meine Universitätsstudien im nächsten Semester fortsetzen. Dies jedoch hängt ganz und gar von der Freizügigkeit meiner katholischen Mitgläubigen ab.

In aller Bescheidenheit ersuche ich Sie, meine Bitte entgegenzunehmen und mich Ihre Entscheidung bald wissen zu lassen. Mein früherer Religionslehrer, Pater Johannes Mollen, wird, dessen bin ich sicher, die Richtigkeit aller meiner Angaben bestätigen.

Ich verbleibe, sehr geehrte Herren, mit aufrichtigem Respekt: Joseph Goebbels."

Mit dem Brief überreichte er sein Abiturzeugnis und ein Empfehlungsschreiben von Pater Mollen folgenden Inhalts:

„Herr Goebbels kommt aus einer gläubigen katholischen Familie meiner Gemeinde. Ich empfehle ihn wegen seiner religiösen Einstellung und seines tadellosen moralischen Verhaltens."

Es stand der Gesellschaft nicht zu, dem priesterlichen Wort zu widersprechen, auch wenn sich in Pater Mollens Schreiben keine sonderliche Begeisterung ausdrückt. Aber es findet sich im Protokoll ein kleiner Hinweis, daß das Komitee von Goebbels' Glaubenstreue nicht völlig überzeugt war. „Nach längerer Diskussion" entschloß man sich, beileibe nicht einstimmig, ihm ein Darlehen in Höhe von 185 Mark zu gewähren und weitere Gesuche, falls sich die Notwendigkeit zu solchen ergebe, wohlwollend zu erwägen. Das Darlehen war zinsfrei. Auch wenn man auf die Preise von 1917 zurückrechnet, war die gewährte Summe keineswegs groß. Aber zusammen mit den 50 Mark, die sein Vater ihm monatlich gewährte, reichte sie dem jungen Goebbels aus, bis zum Ende des Wintersemesters in Bonn zu studieren.

Von da an führt Joseph Goebbels ein studentisches Wanderleben mit einer verwirrenden Vielfalt von Studienortwechseln. Von Bonn ging er nach Freiburg, dann nach Heidelberg. Im Winter 1918 war er in Würzburg und im darauffolgenden Semester in Köln. 1919 war er in Frankfurt und in Berlin eingeschrieben. 1920 und 1921 studierte er zwei weitere Semester in Heidelberg und dazwischen eins in München. Die

Gründe für dieses Zigeunerdasein sind nicht ganz klar. Sicherlich wurde er von keiner der acht Universitäten abgeschoben oder gar relegiert. Im Gegenteil: die Professoren, von denen uns schriftliche Unterlagen in Form von Briefen oder Memoiren hinterlassen sind, waren einstimmig voll des Lobes für seinen Fleiß und sein tadelloses Benehmen. Der einleuchtendste Grund für seine häufigen Wechsel des Studienorts mag der Wunsch sein, seine akademische Ausbildung in möglichst vielen verschiedenen Richtungen voranzutreiben. Unter deutschen Studenten ist es nicht ungewöhnlich, an zwei oder drei verschiedenen Universitäten zu studieren. Das bringt die Spezialisierung der Lehrpläne mit sich: Literatur in Heidelberg, Theologie in Bonn, Philosophie in Köln, uns so weiter. Aber acht Universitäten sind in der Tat eine ungewöhnlich hohe Zahl. Es kann durchaus sein, daß er seine Studienorte danach auswählte, wie erschwinglich die Zimmermieten·für ihn waren. Die Vermieterinnen von Studentenbuden waren notorisch habgierig, und die wenigen Goebbelsschen Studentenbriefe, die heute noch existieren, tragen als Absender keineswegs vornehme Adressen. Geradesogut ist es aber auch möglich, daß die natürliche Ruhelosigkeit der Jugend, verbunden mit den politischen Wirren, die damals in Deutschland an der Tagesordnung waren, ihn zu häufigem Wechsel des Studienplatzes bewog.

Jedenfalls erhielt er im Sommer 1921 von der Universität Heidelberg den Grad eines Doktors der Philosophie. Seine Professoren waren Friedrich Gundolf und Anton von Waldberg (beide jüdischen Glaubens), und seine Dissertation beschäftigte sich mit dem Werk eines deutschen Dramatikers des 19. Jahrhunderts, Wilhelm von Schütz. Sie betitelte sich „Ein Beitrag zur Geschichte des Romantischen Dramas". Im darauffolgenden Jahrzehnt, nachdem er Propagandaminister geworden war, änderte Goebbels flugs den Titel und machte daraus „Die geistigen und politischen Strömungen der frühen Romantik", damit man sehen könne, daß er sich schon früh für Politik interessiert hatte.

In Wirklichkeit empfand er während jenes Lebensabschnittes die Politik als verwirrend, worüber sich niemand wundert, wenn er an das Durcheinander denkt, das Deutschland in der Weimarer Republik beherrschte. Einer seiner Biographen, Curt Riess, beobachtet: „Reaktionäre und linke Studenten beschimpften und verschrien einander als Verräter, Verrückte. Wann immer Goebbels seine Umgebung unter die Lupe nahm, entdeckte er Gruppen verunsicherter, orientierungsloser junger Menschen. Unter dem scharfen Messer seines analytischen Verstands zerfiel ihr Gerede in bedeutungslose Phrasen, ihr Programm zu hohlen Versprechungen. An nichts konnte man sich festhalten. Ringsum herrschte Leere. Er wollte so gern angefeuert werden. Er wollte so sein wie die andern. Er wollte an etwas ,glauben'."

An all diesen Dingen ist natürlich wenig Bemerkenswertes. Die Suche nach dem Selbst ist so universell wie die Jugend an sich. Woran aber Goebbels in Wirklichkeit litt, das war sein Minderwertigkeitskomplex. „Ich bin ein Abtrünniger", schrieb er 1921 in sein Tagebuch. (Er war, wie wir sehen werden, ein eifriger Tagebuchschreiber.) Dann schrieb er denselben Satz noch einmal, in Großbuchstaben, als sei ihm soeben eine ungeheuer wichtige Erleuchtung zuteil geworden. Vielleicht bildete er sich tatsächlich eine Zeitlang ein, er sei aus der Menge ausgebrochen. Aber Aussteigertum war keine Kur für den Makel der Minderwertigkeit. Das war etwas Negatives. Er aber brauchte vor allem einen Kurs, der ihn zu positiven Tätigkeiten führte.

Ein solcher Kurs wurde ihm zunächst von einem Mitstudenten gezeigt, einem ehemaligen Soldaten, der mit viel Orden und einem gerüttelten Maß an Bitterkeit aus dem Krieg heimgekehrt war: Richard Flisges. Flisges war keine Geistesleuchte. Seine Verbitterung hatte ihn zum Anhänger des Kommunismus gemacht, in dem er, wie so viele andere Unzufriedene, die Lösung aller Weltprobleme sah. Er war ein stämmiger, zur Unordentlichkeit neigender Mensch, dem es leichtfiel, Goebbels am Kragen zu packen, in die Höhe zu heben und durchzurütteln. Goebbels empfand für ihn eine paradoxe Art von Zuneigung, die er indes unter einem steten Strom von Schmähungen verbarg, mit denen er Flisges' unansehnliches Äußere verhöhnte.

Die Anleitung zum Kommunismus war in den Werken von Marx, Engels und Walther Rathenau zu finden. Aber anstatt daß sie ihn zu überzeugtem Glauben an die kommunistischen Theorien bewogen hätten, führten sie ihn durch Stunden heftiger und manchmal gewalttätiger Diskussion gerade ins entgegengesetzte Lager.

Dieses Lager hatte während der frühen zwanziger Jahre sein Zentrum in München. Dorthin kehrte

Goebbels im Sommer 1922 auf der Suche nach Arbeit zurück. („Ich muß einen Anfang im Leben finden", schrieb er in sein Tagebuch.) Die Schönheit der alten Stadt, in der er ein Jahr zuvor ein Semester lang Student gewesen war, hatten es ihm angetan. Sein Quartier war damals in Schwabing gewesen, und in der Art, wie die Straßen vom Marienplatz ausstrahlten, sah er „eine symbolische Darstellung der Vielfalt des Lebens, in der die sich verzweigenden Straßen unterschiedliche Entwicklungsmöglichkeiten versinnbildlichen."

Im Jahr 1922 hatte München bereits drei größere Nachkriegsunruhen hinter sich: die Sozialistische Republik vom November 1918, die nationalistische Gegenbewegung vom Januar 1919 und die Räterepublik vom April 1919. Sie alle hatten hier ihren Anfang genommen. Im „Braunen Haus"* hatte die Nazi-Partei ihr Hauptquartier eingerichtet und besaß schon rund 50000 Anhänger**. Sie wirkte besonders anziehend auf vom Ausgang des Krieges verbitterte Soldaten, die in einer Fortsetzung des Kampfes die einzige Möglichkeit zur Rettung Deutschlands sahen. In München waren auch die Freikorps und die Reichswehr etabliert sowie paramilitärische Untergrundorganisationen, die ähnlich revolutionäre Ziele predigten. Hier, hauptsächlich in den Bierstuben, war auch Adolf Hitler zu finden, zu jener Zeit für die Propaganda der Nazi-Partei zuständig. Ein paar Wochen vor Goebbels' An-

---

* Das „Braune Haus" gab es erst ab 1930.
** Die unterschiedlichen Angaben über den Mitgliederstand der NSDAP in ihrer Frühzeit erklären sich dadurch, daß sie z.T. aus propagantistischen Gründen „geschönt" wurden.

kunft war in Berlin Walter Rathenau, Reichsaußenminister und Architekt des Rapallo-Vertrages, der die russisch-deutsche Freundschaft zementieren sollte, von früheren Marineoffizieren, die einer in München beheimateten nationalistischen Terrororganisation angehörten, ermordet worden. Eine schöne Stadt, die auf den ästhetisch orientierten Geist wirkte, mochte München sein. Aber ruhig ging es dort gewiß nicht zu.

Wie überall im Nachkriegsdeutschland hatte auch in München der moralische Zerfall eingesetzt. Zwar war man dort nicht so verlottert wie in Berlin und Hamburg; aber es gab auch in der Stadt an der Isar zahlreiche Nachtklubs, Bordelle, Transvestitenkabaretts, Kasinos und pornographische Vorführungen in Hinterzimmern. In dieser Umgebung tobte Goebbels die Sinneslust der Jugend aus.

„Während seiner ganzen Studienzeit war er hinter den Röcken her", erinnert sich Fritz Prang, „und immer fest von sich überzeugt. Mädchen fielen ihm leicht zu. Ich nehme an, sein kleiner Wuchs und der verkrüppelte Fuß weckte ihre Mutterinstinkte, und damit fing die Sache an. Aber bald ging er mit seinem Charme zur Offensive über. Er war in der Tat sehr charmant und hatte eine Stimme so sanft wie Honig.

Es gab ein paar ernsthafte Liebesaffären − von langer Dauer obendrein. Eine, mit einem Mädchen namens Anka Stahlhern, dauerte drei oder vier Jahre, bis Anka seiner überdrüssig wurde und sich einem älteren Mann zuwandte, der mehr Geld hatte. Weniger zu haben, wäre kaum möglich gewesen. Er spielte eine Zeitlang den gequälten Verstoßenen. Die Affäre war recht ernst gewesen, mit Stößen von Liebesbriefen. Aber Ankas Eltern waren gegen die Verbindung. Sie sahen keine Zukunft für Goebbels, und es sah während seiner Studentenzeit auch wirklich düster für ihn aus. Später sagte er oft in seiner verletzenden Weise, sie hätte den Reichspropagandaminister zum Manne haben können, wenn sie nicht so scharf hinter dem Geld hergewesen wäre.

Allzu tragisch kann er die Sache allerdings nicht genommen haben. Ankas Ehe zerbrach. 1934 war sie arbeitslos und bat Goebbels um Hilfe. Er brachte sie in der Redaktion irgendeiner Frauenzeitschrift unter.

Nach Anka hatte er ein ernsthaftes Verhältnis mit einer jungen Frau namens Else Taub. Sie war Lehrerin und kam aus einer Familie, die in Geschäftskreisen großen Einfluß hatte. Er war wiederum überaus verliebt – Liebesgedichte, idyllische Waldspaziergänge und Klagelieder über die aus den Fugen geratene Gesellschaft, die nicht in sein Schema passen wollte. Studentische Hirngespinste! Flisges und ich, Goebbels und Else diskutierten stundenlang in einem Café oder auf unseren Buden, wenn wir uns das Café nicht leisten konnten (die Zeche bezahlte üblicherweise Else).

Was wir alle brauchten, war Arbeit. Aber Arbeit zu bekommen, war in jenen unruhigen Zeiten nicht so leicht. Goebbels hatte sich entschlossen, ein Literat zu werden. Er schrieb Artikel und schickte sie an Zeitungen und Zeitschriften. Sie wurden alle abgelehnt. Ebenso erfolglos blieben ein Roman und ein Schauspiel. Das bißchen Geld, das er verdiente, kam von gelegentlicher Lehrtätigkeit und von Aushilfsjobs in Büros. Ich selbst verschaffte ihm einen Posten an der Kölner Börse, und die Taubs brachten ihn bei der Dresdner Bank unter. Beide Stellungen behielt er jeweils nur kurze Zeit. Er war ständig in Schwierigkeiten – verantwortungslos, ein Bummler. Einen einzigen Anzug nannte er sein eigen. Er lebte zu Hause in Rheydt, wenn ihm das Geld mal wieder ausgegangen war, pumpte mich oder Else oder sonst einen seiner Freunde an, wenn es ging. Es war eine ziemlich problematische Zeit für den Mann, der später einmal zu Hitlers Nachfolger ernannt werden sollte."

Die Aufgabe

Die ersten literarischen und rednerischen Versuche des Mannes, der einst die Meinung der gesamten deutschen Nation mit Hilfe des Wortes formen sollte, waren wenig beeindruckend. Als er vor den Abiturienten des Rheydter Gymnasiums eine Rede hielt, meinte Pater Mollen mit wenig liebevollem Sarkasmus, er solle lieber Konditor werden. Er schickte etliche hundert Artikel an Zeitungen und Zeitschriften − in erster Linie an das „Berliner Tageblatt" −, aber sie wurden alle aus gutem Grund zurückgeschickt, weil sie unausgegorene Ideen in zusammenhangloser Form präsentierten. Sein Roman, „*Michael*", aus pompösen, reimlosen Versstücken zusammengesetzt, wurde aus ebenso gutem Grund von jedem Verleger, der ihn zu sehen bekam, abgelehnt. Erst im Jahr 1929 hielt es ein pro-nationalsozialistischer Verlag aus politischen Gründen für angebracht, ihn anzunehmen. Zwei Versstücke, „*Der Wanderer*" und „*Der Einsame Gast*", blieben unveröffentlicht und unaufgeführt bis in die Zeit nach der Machtübernahme. Erst dann lief „*Der Wanderer*" drei Tage lang vor einem Publikum, das ihn nicht verstand und mit steinernem Schweigen reagierte.

Typischerweise reagierte Goebbels auf solche Zurückweisungen mit Überheblichkeit. „Ich weiß, daß für mein Werk Bedarf besteht", schrieb er in sein Tagebuch. „Es ist nur eine Frage der Zeit."

1923 war es dann soweit. Im Januar dieses Jahres befahl der französische Ministerpräsident, Raymond Poincaré, die Besetzung des Ruhrgebiets als Strafe dafür, daß Deutschland die Bedingungen des Versailler Vertrags verletzt hatte. Das riesige Industriegebiet reagierte darauf zunächst mit passivem Widerstand, der in zahlreichen Streiks zum Ausdruck kam. Darauf folgte eine Zeit der Sabotageakte, der Untergrundaktionen und erbitterter Straßenkämpfe, an denen sich die zwar schlecht organisierten, aber um so gewalttätigeren Gruppen der Freikorps, der Republikgegner und der noch fast unbekannten Nazis beteiligten.

Goebbels sagt in seinem Tagebuch, er sei „über die Ungerechtigkeiten des Versailler Vertrags vor Wut entbrannt. Ich erfuhr, daß der Industrielle Krupp die Widerständler unterstützte. Ich kratzte die paar Pfennige zusammen, die meine Eltern entbehren konnten, und fuhr nach Essen. Albert Leo Schlageter war dort der Anführer der Freischärler. Ich bot mich ihm als Mitkämpfer an. Er wies mich zurück, weil ich infolge meines Fußes zu auffällig war. Mein hinkender Gang hätte mich verraten. Man hätte mir nachgespürt, was für Schlageters Truppe eine Katastrophe gewesen wäre. Aber er sagte, es gäbe wichtige Arbeit, die er mir ohne weiteres anvertrauen würde: Agitation und Propaganda."

Unorganisiert, wie die Saboteure waren, vermochten sie gegen die bestens geschulten französischen und belgischen Truppen nichts auszurichten. Unruhen wurden rasch unterdrückt, Streiks abgeblasen. Der enttäuschte Goebbels, soeben über die Ungerechtigkeiten des Versailler Vertrags „vor Wut entbrannt", wandte sich von neuem dem Studium der Schriften von Marx, Engels und Rathenau zu. Diesmal war seine Reaktion gegen die darin vorgetragenen Ideen noch heftiger als zuvor. In dieser Reaktion wurde er von Fritz Prang unterstützt, der gegen den Willen seiner Eltern nach München gegangen war, um Hitler reden zu hören, und Goebbels ein paar Nazi-Pamphlete mitgebracht ·hatte. Obwohl die nationalsozialistische Ideologie damals noch längst nicht ausgegoren war, war Goebbels von der Idee des radikalen Nationalismus angetan. „Sie blies", schreibt er, „in die Flammen meiner Besorgnis und führte ihnen neue Nahrung zu." Prang dagegen bemerkt trocken, die Naziliteratur habe ihn offenbar „politisch heiß gemacht; auf sexuellem Gebiet war er das schon lange."

Seine Faszination durch die nationalsozialistische Lehre wuchs während zahlreicher politischer Versammlungen, die er − gewöhnlich von Prang und der einen oder anderen Freundin begleitet − im Laufe des Jahres 1923 besuchte. Es ist möglich, aber keineswegs sicher, daß bei einigen davon Hitler als Redner auftrat. In einem der schwülstigeren Abschnitte, der in aller Wahrscheinlichkeit dem Roman „*Michael*" später hinzugefügt wurde, schreibt er über einen großen (aber ungenannten) Redner:

„An diesem Abend sitze ich in einer weiten Halle mit tausend anderen und sehe ihn wieder, höre ihn, der mich erweckt hat.

Jetzt steht er mitten in der gebannten Menge. Seine Gestalt scheint gewachsen zu sein. Soviel Kraft ist in ihm, und eine Lichtflut strahlt aus den großen, blauen Augen.

Ich sitze unter all diesen Menschen, und dennoch ist mir, als spräche er zu mir allein.

Über den Segen der Arbeit! Alles, was ich nur gefühlt oder geahnt habe, er faßt es in Worte. Mein Bekenntnis, mein Glaube: Hier gewinnen sie Gestalt.

Ich fühle, wie seine Kraft meine Seele erfüllt. Hier ist das junge Deutschland. Hier sind die, die in der Schmiede des neuen Reiches arbeiten: heute noch Amboß, morgen Hammer.

Hierher gehöre ich.

Um mich herum sind Menschen, die ich nie gesehen habe. Ich fühle mich wie ein Kind, während mir Tränen in die Augen steigen."

Auf dieselbe melodramatische Weise erklärt er später:

„Ich weiß jetzt, wohin der Weg mich führt. Der Weg der Reife. Ich komme mir wie betrunken vor.

Ich erinnere mich nur noch daran, daß der Mann mir die Hand drückte. Ein Gelöbnis fürs Leben.

Und meine Augen begegnen zwei leuchtend blauen Sternen."

Aus all dem sollen wir begreifen, daß er – wie es der autobiographische Erzähler in „*Michael*" darstellt – schon im Jahr 1923 unter Hitlers Bann geriet. Später produzierte er zusätzliches Beweismaterial in Form einer Parteimitgliedskarte mit der niedrigen Nummer 8762. Es ist offensichtlich, daß er in späteren Zeiten seine Machtposition dazu benutzte, frühere Daten zu fälschen. Auf jeden Fall besuchte er damals noch politische Versammlungen verschiedener Parteien. Seine feste Bindung an die Nazi-Partei erfolgte keineswegs so frühzeitig, wie er uns glauben machen will. An dem fehlgeschlagenen Münchner Putsch vom 9. November 1923, der mit Hitlers Verurteilung zu Festungshaft endete, hat er überhaupt nicht teilgenommen. Gewiß ist er mit Hitler nicht vor 1925 zusammengetroffen. Ein Brief, den er 1924 dem in Landsberg eingesperrten Führer geschickt haben will, wurde in Wirklichkeit erst viel später geschrieben und zurückdatiert, so daß er als Beweis für Goebbels' frühe Parteimitgliedschaft dienen könne. Bevor er andere täuschen konnte, mußte er erst einmal sich selbst täuschen. Nichtsdestoweniger ist es ein interessanter Brief, aus dem, wie Curt Riess feststellt, die Begeisterung des Amateurpropagandisten für den Meisterpropagandisten ersichtlich wird.

„Wie ein aufgehender Stern erschienen Sie vor unseren staunenden Augen. Sie klärten auf wunderbare Weise unsere Sinne und gaben uns, mitten in einer Welt voller Zweifel und Verzweiflung, Zuversicht. Sie standen wie ein Turm über den Massen, zuversichtlich und zukunftssicher und beseelt von dem Willen, diese Massen zu befreien mit Ihrer grenzenlosen Liebe für alle, die an das neue Reich glauben. Zum ersten Mal gewahrten wir mit glänzenden Augen einen Mann, der die Maske von den durch Habgier gekennzeichneten Gesichtern, von den Gesichtern mittelmäßiger parlamentarischer Geschäftemacher riß. Wir sahen einen

Mann, der uns zeigte, wie schamlos korrupt und verdorben das System ist...

Im Münchner Gerichtshof wuchsen Sie vor uns zur Größe eines Führers. Ihre Worte waren die bedeutendsten, die seit Bismarck in Deutschland gesprochen worden sind. Sie brachten mehr als nur Ihren eigenen Schmerz, Ihren eigenen Kampf zum Ausdruck. Sie sprachen von der Not einer ganzen Generation, die in verzweifelter Sehnsucht nach Männern und Taten sucht. Was Sie aussprachen, ist der Katechismus eines neuen politischen Glaubens, geboren aus dem Zusammenbruch einer gottlosen Welt...

Wir danken Ihnen. Eines Tages wird Deutschland Ihnen danken."

Am 1. April 1924 – demselben Tag, an dem Hitler zu fünf Jahren Festungshaft verurteilt wurde – bot man Goebbels eine Stellung an. Das Angebot kam von Franz von Wiegershaus, dem gewählten Vertreter der Deutsch-Völkischen Freiheitspartei im Reichstag. Die Deutsch-Völkische Freiheitspartei war eine Splittergruppe der rechtsextremen nationalistischen Bewegung, innerhalb deren die Nazis mit ihrem Führer Adolf Hitler bisher am meisten von sich reden gemacht hatten. Jetzt war die Nazi-Partei geächtet, und Hitler lag nichts daran, daß sie sich während der Zeit seiner Haft besonders aktiv zeigte. Es hatte ihn einige Mühe gekostet, den Posten an der Spitze zu erringen, und er hätte eher zugelassen, daß die Partei zugrunde ging, als daß sie von Rivalen auf einen falschen Kurs gesteuert würde. Es gab in Hitlers Idealvorstellungen nur Raum für *einen* Führer.

Nun war die Ächtung der Partei nicht besonders wirksam. Inmitten des politischen und wirtschaftlichen Chaos, das die Nation während des ganzen Jahrzehnts im Würgegriff hielt, waren die zersplitterten Rechtsradikalen tätig. In Norddeutschland wurden die Überreste der Nazi-Partei von Gregor und Otto Strasser zusammengehalten, wohlhabenden Geschäftsleuten, die zwar von Hitler nicht viel hielten (wofür dieser sich zu gegebener Zeit rächen würde), aber mit den rechtsradikalen Zielen der Partei einverstanden waren.

Wiegershaus' Deutsch Völkische Freiheitspartei war von dem Bann verschont geblieben. Sie war klein, ohne starke Führung und bedeutete keine Bedrohung der Weimarer Republik. Aber Wiegershaus war entschlossen, mit Hilfe seiner Zeitung *„Völkische Freiheit",* die in Wirklichkeit nur ein hektographiertes Informationsblatt war, weiterhin rechtsextreme Thesen unters Volk zu streuen. Er brauchte einen Sekretär und stellvertretenden Herausgeber und bot Goebbels 100 Mark pro Monat an, falls er bereit wäre, nebenbei auch noch als Redner auf Parteiversammlungen aufzutreten.

Es war ein erbärmlich kleines Gehalt. Aber Goebbels steckte gerade in einer seiner periodischen Phasen bitterster Verzweiflung. Der Herausgeber des „Berliner Tageblatts", bei dem er sich um eine Stellung in der Redaktion beworben hatte, hatte ihn nicht einmal zu einem Gespräch empfangen wollen. Und er war von einem Theaterdirektor ausgelacht worden, der zu Bericht gab: „Ohne die geringste Bühnenerfahrung verlangte der Mann von mir, daß ich ihm auf der Stelle den Posten eines Regisseurs gäbe." Außerdem war sein Verhältnis zu Else Taub im Augenblick ernsthaft getrübt. Er nahm Wiegershaus' Angebot sofort an und war schon Mitte April 1924 fest im politischen Geschäft in der Stadt Elberfeld.

Er verlor rasch jede Achtung vor den Zuhörern, zu denen er sprach. „Sie sind so dumm, daß man es nicht glauben möchte", schrieb er in einem Brief nach Hause, „und könnten mit denselben abgedroschenen Schlagworten in jede beliebige Richtung gelenkt werden." Er fühlte sich „wie ein guter Schauspieler auf einer zehntklassigen Provinzbühne."

Aber es war nicht alles umsonst. Bei einer seiner Reden befand sich Gregor Strasser unter den Zuhörern. Am Ende der Versammlung beglückwünschte er Goebbels zu seiner wirksamen Redeweise. Weiter geschah zunächst nichts. Aber zu Ende des Jahres wurde Hitler aus der Haft entlassen, nachdem er von seiner fünfjährigen Gesamtstrafe gerade neun Monate abgesessen hatte, und machte sich daran, die Partei wieder zu organisieren.

Strasser hatte Karl Kaufmann damit beauftragt, sich um die Nazi-Kader im Rhein-Ruhr-Gebiet zu kümmern. Kaufmann berichtete Strasser, ein junger Mann namens Goebbels mit einer guten Rednerstimme habe ihn um Arbeit in der Partei angegangen. Strasser erinnerte sich sofort an die Versammlung, bei der Goebbels den hartschädeligen Zuhörern das Glaubensbekenntnis der „Völkischen Freiheit" einzuhämmern versucht hatte.

„Bringen Sie ihn zu mir", sagte Strasser. (Die Unter-

Hitlers Meisterpropagandist Dr. Joseph Goebbels
(1897–1945) bei einer Kundgebung
vor der Saarabstimmung am 6. 5. 1934

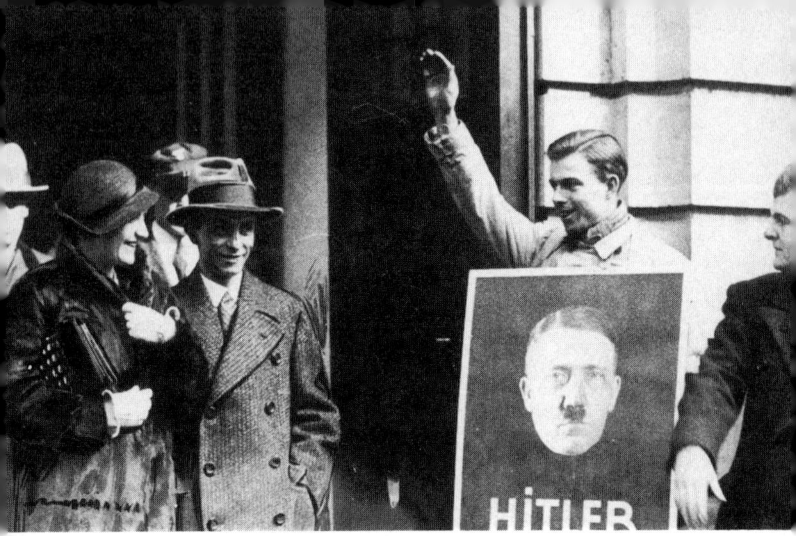

Goebbels mit Frau vor einem Berliner Wahllokal
im Jahre 1932

Goebbels im rednerischen Kampf um die Macht
bei einem SA-Propaganda-Einsatz
in Trebbin/Krs. Teltow am 20. 3. 1927

Goebbels und Generaloberst Hermann Göring
(1893–1946) während des 9. Reichsparteitages
der NSDAP am 7. 9. 1937

Goebbels' Geliebte, die tschechische Schauspielerin
Lida Baarova im Jahre 1937

haltung ist in Otto Strassers Buch „*Die Deutsche Bartholomäusnacht*" aufgezeichnet.) „Der Mann ist vielleicht brauchbarer als der, den wir augenblicklich im Sekretariat beschäftigen, Heinrich Himmler. Himmler will unter die Hühnerzüchter gehen. Dazu ist er wahrscheinlich viel besser geeignet. Es dreht sich nur darum, Goebbels von Wiegershaus loszueisen. Bieten Sie ihm das Doppelte seines jetzigen Gehalts. Ich glaube, soviel ist er wert."

Im Frühjahr 1925 war Goebbels' Anstellung bei der Nationalsozialistischen Partei — die zwar immer noch verboten, aber keineswegs lahmgelegt war — perfekt.

„Es war ein Posten, der große Einsatzbereitschaft verlangte", schrieb er später im „*Kampf um Berlin*". „Der Führer war aus der Haft mit genialer Entschlossenheit hervorgegangen."

„Revolutionäre Bewegungen", fuhr er fort, „werden nicht von großen Schreibern, sondern von großen Rednern gemacht. Es ist ein Fehler zu glauben, das gedruckte Wort sei wirksamer, weil die Tagespresse von einer großen Anzahl Menschen gelesen wird. Wenn auch der Redner im besten Fall ein paar Tausend Zuhörer erreichen kann — während der Journalist Zehn- oder gar Hunderttausende von Lesern anspricht —, so beeinflußt das gesprochene Wort nicht nur diejenigen, die es hören, sondern es wird hundert- und tausendmal wiederholt. Eine wirksame Rede bildet eine Meinung mit ungleich größerer Kraft als ein guter Leitartikel."

Das erste offizielle Sprachrohr der Nazi-Partei, die „*Nationalsozialistischen Briefe*", erschien im Oktober

1925. Es wurde von den Brüdern Strasser herausgegeben und veröffentlicht und unterschied sich in der äußeren Aufmachung nur wenig von der „Völkischen Freiheit". Ob Goebbels das gedruckte Wort nun für wichtig hielt oder nicht, fest steht, daß er den größten Teil des Inhalts der ersten paar Ausgaben selbst schrieb. Er propagierte mit Ausdauer rechtsradikale Ideen, die allerdings nicht immer ganz mit jenen übereinstimmten, die Hitler im ersten Band seines Buches „*Mein Kampf*" (den er Rudolf Heß während seiner Landsberger Haft diktierte) vertrat. Die Unterschiede waren jedoch nicht so schwerwiegend, als daß sie nicht ohne viel Mühe hätten ausgeglichen werden können, nachdem Goebbels einmal mit Hitler zusammengetroffen und seinem Bann anheimgefallen war.

Dieses Zusammentreffen fand am 2. November 1925 statt und ist in Goebbels' Tagebuch aufgezeichnet, dessen wichtigster Teil in der Bibliothek der Stanford University in Kalifornien aufbewahrt wird. Der Eintrag bezieht sich überschwenglich auf die sofortige Sympathie, die Hitler für den Mann empfand, der ihm von Kaufmann als Gregor Strassers Assistent vorgestellt wurde, „der in den ,*Briefen*' und auf öffentlichen Versammlungen hervorragende Arbeit für die Partei leistet."

„Er begrüßte mich wie einen alten Freund", schreibt Goebbels, „und gab mir eine Photographie mit der Aufschrift ,Heil Hitler', die auf meinem Tisch steht. Er ist ein geborener Führer. Er hat alles, was ein König braucht ...große blaue Augen wie Sterne...er spricht stundenlang, ohne zu ermüden...ich hätte ihn gern zum Freund."

Hier also begegnet uns der Redner aus „*Michael*" wieder, mit sterngleichen Augen und allem Drum und Dran. Hier erkennen wir auch Goebbels' Verlangen nach Freundschaft und Bewunderung, das so charakteristisch für ihn ist. Er war ein Exhibitionist, der stets im Brennpunkt der Aufmerksamkeit stehen wollte. Er verlangte ständig danach, verehrt zu werden, und dieser Wunsch wirkte sich bis in seine Liebesaffären hinein aus. „Er war ewig auf der Suche nach der Frau, die ihm wahre Liebe schenken und ihn ‚verstehen' würde", sagt Curt Riess. Und Goebbels' Tagebuch bestätigt diese Analyse mit Eintragungen wie: „Else ist hier, voller Tränen und Trauer. Wir werden auseinandergehen. Sie fleht mich an, sie nicht zu verlassen. Stunden tiefer Bewegung...So muß es anscheinend sein: Es liegt ein Fluch auf mir, was Frauen betrifft...Else schreibt mir einen kurzen Brief. Es ist Schluß. Wir können nicht einmal mehr Freunde sein, und doch liebe ich dieses arme, süße Kind. Wenn sie mir nur die Liebe zurückgäbe, die ich brauche, und die Anerkennung dessen, was andere meine hervorragende Begabung genannt haben."

Die hervorragende Begabung als Redner kann man Goebbels nicht absprechen. Dessenungeachtet neigte er zur Übertreibung. Über politische Versammlungen, die nach der Aussage Prangs und anderer zuverlässiger Zeugen von wenigen hundert Menschen besucht wurden, schreibt er in seinen Tagebüchern, „Tausende" seien dagewesen. Die „wilden Hochrufe und Stunden des Händeschüttelns und Beglückwünschens" waren in Wirklichkeit nur gemäßigte Begeisterung und ein paar gutgemeinte Dankesworte. Da Tagebucheintragungen von Natur aus privater Natur sind, gibt es kaum einen Zweifel, daß Goebbels eine hochentwikkelte Fähigkeit besaß, sich selbst zu täuschen. Er sah sich in seinem rosafarbenen Spiegel, wie er von den Massen gesehen werden wollte.

Im Frühjahr 1926 indes ließ sich kein Geringerer als Hitler selbst dazu herab, ihn auf eine Blitztour durch Bayern mitzunehmen, während der er neben Hitler als Redner auftreten sollte. Die Herablassung war natürlich dazu bestimmt, Goebbels zu schmeicheln – ein geschickter Zug, an dem erkennbar wird, wie Hitler in jener Zeit immer mehr vertrauenswürdige Anhänger um sich sammelte, denen er wichtige Parteiämter übertragen konnte, während die Partei an Zahl und Macht wuchs.

Goebbels war darüber so erfreut, daß er unzusammenhängendes Gestammel in sein Tagebuch schrieb. „Pure Freundlichkeit...er ist ein König...ob aber Christus oder Johannes?...er überläßt mir sein Auto und den Chauffeur für den Nachmittag...er umarmt mich, während der Begeisterungssturm dröhnt...ein ‚Heil‘ nach dem andern...meine Augen sind feucht vor Bewegung...sein Händedruck der eines Königs für einen minderen Prinzen...seine Augen halten mich in ihrem Bann..." Und so weiter. Die Einträge waren dazu angetan, das eigene Ego zu festigen, aber auch zu zeigen, wieviel Begeisterung er für den Führer empfand, sollte sich jemals die Gelegenheit ergeben, daß dieser Einblick in sein Tagebuch nahm. „Man muß sich erinnern", schreibt Prang, „daß Goebbels eine feine Nase für psychologische Taktik hatte. Hier waren, wenn man es genau betrachtet, zwei Männer dabei, einander um den Bart zu gehen: Hitler, indem er Goebbels durch Schmeichelei an sich zu binden suchte, und Goebbels, der mit seinen Tagebucheinträgen quasi den roten Teppich wob, auf dem Hitler Einzug halten sollte. Man findet in Goebbels' Tagebuch manchen Eintrag darüber, daß Hitler ihm Blumen schickte, oder daß Goebbels ‚den Führer mit einem einfachen Strauß roter Rosen überraschte, der Tränen in die herrlichen Augen trieb.‘ Ähnlicher Extravaganzen gab es viele."

Über Hitlers Absichten mag man sich den Kopf zerbrechen. Warum hatte er es nötig, einem jungen Mann von nicht ganz Dreißig zu schmeicheln, der – ungeachtet aller Behauptungen, die er später aufstellte – erst ein paar Monate der Partei angehörte, keineswegs immer mit der Politik des Führers einverstanden war und dessen Hang zum Manisch-Depressiven ein politisches Risiko darstellte? Die Antwort liegt in Hitlers unübertrefflicher psychologischer Schläue. Er hatte in Goebbels einen potentiellen Organisator der Parteipropaganda entdeckt, jenes Metiers also, in dem er selbst ein Virtuose war, wie er in *„Mein Kampf"* schrieb. Immerhin hatte er aus der Partei mit ursprünglich sieben Mitgliedern, einem Stammkapital von 7,50 Mark und einer Ideologie, die in abgedroschenen Phrasen von weiter nichts als der Niederknüppelung des Judentums und des Bolschewismus redete, bis zum Anfang der zwanziger Jahre eine festgefügte Organisation mit einer Mitgliedschaft von 2000 gemacht. Er konnte sehr wohl für sich in Anspruch nehmen, daß er ein propagandistisches Talent erkennen konnte, wenn es sich ihm darbot.

Im Augenblick jedoch gab es Ernsteres zu tun als das Schmieden von Propagandaversen. Goebbels sollte sich als Parteimitglied beweisen, das über Härte ebenso wie über Intelligenz verfügte. Der Prüfstein war Berlin, wo als Gauleiter ein Mann namens Schlange fungierte, der von den Brüdern Strasser ernannt worden war und unter dessen Führung die Parteiorganisation unter Laxheit und Interesselosigkeit zu leiden hatte. Es ist klar, daß Hitler hier eine Gelegenheit sah, durch eine Umbesetzung den Einfluß der Strasser-Brüder zurückzudrängen und gleichzeitig Goebbels' Loyalität für die eigenen Zwecke zu nutzen.

„Von allem Anfang an", sagt er in seinen „*Tischgesprächen*"*, „machte ich es mir zur Regel, einen offenen Posten erst dann zu besetzen, wenn ich den richtigen Mann dafür hatte. Dieser Regel blieb ich auch im Falle des Gauleiters Berlin treu. Als die älteren Parteimitglieder mich mit Klagen über die Berliner Parteiführung bombardierten, kam ich ihnen nicht zu Hilfe, bis ich ihnen versprechen konnte, daß ich in Dr. Goebbels den Mann gefunden hatte, den ich brauchte. Er besitzt zwei Attribute, ohne die die Lage in Berlin nicht hätte gemeistert werden können: Intelligenz und die Gabe der Rede. Als ich ihn aufforderte, die Organisation der Partei in Berlin zu analysieren, erstattete er mir nach kurzer Zeit Bericht, daß die Schwäche in der jüngeren Führung begründet sei. Er bat mich um

* vgl. Henry Picker „Hitlers Tischgespräche im Führerhauptquartier 1941 – 1942" (Bonn 1951)

Vollmacht, die nötigen Änderungen durchführen und unbrauchbare Elemente aus der Partei entfernen zu dürfen. Ich habe nie bereut, ihm diese Vollmacht gegeben zu haben."

Goebbels war keineswegs erpicht darauf, die Führung der Berliner Partei zu übernehmen. Nachdem er einmal des Führers Aufmerksamkeit auf sich gezogen hatte, wollte er viel lieber dort bleiben, wo das Rampenlicht der nationalsozialistischen Bühne auf ihn schien. Dazu hätte er im Süden sein müssen, in Bayern, wo Hitler in der Hauptsache tätig war. „Ich will mich nicht in dem Berliner Durcheinander festfahren", schrieb er in sein Tagebuch. „Wenn allerdings der Führer mir den Posten eines Leiters der Parteipropaganda übertrüge, würde ich überall hingehen, um dieser Aufgabe gerecht zu werden."

Aber er wurde nicht nur aus dem bayerischen Rampenlicht nach Berlin geschickt, er mußte einen zweiten, noch bittereren Schlag hinnehmen: Am 26. Oktober 1926 ernannte Hitler Gregor Strasser zum Leiter der Parteipropaganda. Ein paar Tage später erhielt Goebbels die Order, nach Berlin zu gehen. Hitler, schlau wie immer, erreichte damit mehreres: Er weckte in Goebbels Abneigung gegenüber Strasser und in Strasser ein falsches Gefühl der Sicherheit; er verschaffte sich Anspruch auf Goebbels' Loyalität, indem er ihn auf einen wichtigen Posten erhob; und schließlich gewann er die Möglichkeit, eine größere Zuhörerschaft anzusprechen, wenn auch nur durch Goebbels als Sprachrohr. (Eine der Auflagen, die man ihm bei seiner vorzeitigen Haftentlassung gemacht hatte, bestand in einem öffentlichen Redeverbot.)

Am Abend des 9. November 1926, dem dritten Jahrestag des Münchner Putsches, kam Goebbels in Berlin an. „Graue Novemberdämmerung senkt sich über Berlin, während·mein Zug in den Potsdamer Bahnhof dampft. Knapp zwei Stunden später stehe ich zum erstenmal auf der Rednertribüne, die ein Startpunkt für zukünftige Entwicklungen werden wird."

Von diesem Abend an sollte sein Leben eine völlig neue Richtung einschlagen.

Die Bühne

Die Berliner Bühne, auf die Goebbels nun den Fuß setzte, war für ein Drama größerer Bedeutung hergerichtet. In den Kulissen warteten die rd. eintausend Nazis, die die Partei in Berlin repräsentierten. Sie waren bisher mit schwacher Hand geführt worden; denn Schlange, von Beruf Beamter, hatte zuviel Angst um seine Karriere, als daß er die nationalsozialistische Sache mit der nötigen Entschlossenheit hätte vertreten können. Im Vordergrund drängten sich die Kommunisten und Sozialdemokraten, die die Wählermehrheit der Reichshauptstadt hinter sich hatten. Und hinter der Bühne, von Korruption geplagt, lag die „Opiumhöhle", wie Goebbels sie nannte: ein Kellerraum in der Potsdamer Straße, der das offizielle Hauptquartier des Gaues Berlin bildete.

Goebbels hielt den Namen für passend. „Kein Sonnenstrahl drang je dort hinab. Die elektrische Beleuchtung brannte Tag und Nacht. Sobald man die Tür öffnete, überwältigte der Gestank kalten Zigarettenrauchs die Nase. Riesige Mengen alter Zeitungen und Aktenordner lagen und standen unordentlich herum. In einer Art Vorzimmer lungerten arbeitslose Parteimitglieder herum, die sich mit Schwatzen die Zeit vertrieben. Es gab einen sogenannten Geschäftsführer mit einem Kassenbuch, in dem aus dem Gedächtnis Eintragungen über Einnahmen und Ausgaben gemacht wurden. Es war unmöglich, in dieser Umgebung systematisch zu arbeiten. Es herrschte das Chaos. Die Finanzen waren total in Unordnung. Der Gau Berlin besaß nichts als Schulden."

Goebbels schrieb sofort an Hitler und bat um Vollmacht, „alle unbrauchbaren Elemente aus der Partei entfernen zu dürfen." „Sie haben sich nur vor mir zu verantworten", erwiderte der Führer. Goebbels ließ den Brief rahmen und hängte ihn an die Wand des neuen Büros, das er in der Lützowstraße mietete. „Ich hielt es für angebracht", schrieb er im *„Kampf um Berlin",* „daß der schriftliche Beweis meiner Autorität für jedermann zu sehen sei. Ich hatte die Absicht, die Reorganisation der Partei mit Härte durchzuführen. Wenn ein Mann Gauleiter ist, dann muß er zuerst darauf achten, daß sein Gau überhaupt leitbar ist."

Die Partei brauchte um diese Zeit in Norddeutschland nichts dringender als einen Zuwachs an Mitgliedern. Aber Goebbels begann seine Aufgabe damit, daß er 400 Berliner Parteimitglieder ausstieß. „Alle jene, die weder Beiträge zahlten, noch aktiv tätig waren, wurden entfernt. Ich wollte lieber einen kleinen Kern von zuverlässigen Mitgliedern als eine Menge Herumlungerer, die niemals ihren Beitrag zahlten und den aktiven Parteigenossen im Weg herumstanden."

Am 1. Januar 1927 sprach er zu den verbleibenden 600 Parteimitgliedern. Er forderte von jedem drei Mark Monatsbeitrag und erklärte, wer sich seiner

Führung und seinen Befehlen nicht unterwerfen wolle, könne gehen. Niemand ging.

„Wir haben eine gewaltige Aufgabe vor uns", fuhr er fort. „Die Partei hier in Berlin ist wie ein Lamm in der Wildnis; in ihren Höhlennestern lauern die Roten, bereit, das Lamm zu verschlingen. Es gibt fast fünf Millionen Menschen in Berlin; aber wir sind nur sechshundert, und niemand kennt uns. Wir müssen diese Mauer der Anonymität niederreißen. Die Berliner sollen uns hören und über uns reden. Sie mögen uns beleidigen, uns verleumden, gegen uns kämpfen, uns verprügeln; aber man muß sie dazu bringen, über uns zu reden. Das ist meine Aufgabe. Und ich gelobe euch: Heute sind wir nur sechshundert; aber in sechs Jahren werden wir sechshunderttausend sein."

Gregor Strasser war zwar von Hitler zum Leiter der Parteipropaganda ernannt worden, aber außer dadurch, daß er die Sache der Partei in den *„Nationalsozialistischen Briefen"* (jetzt ordentlich gedruckt und mit erweitertem Umfang) unterstützte, scheint er diesem Amt nicht sonderlich viel Aufmerksamkeit gewidmet zu haben. Er besaß nicht die Gabe, die Massen zu faszinieren. Es war vielmehr Goebbels, der es unternahm, „die Mauer der Anonymität" niederzureißen, und der sich damit in die Rolle hineinspielte, die ihm eines Tages tatsächlich zuteil werden sollte: die Rolle des Chefpropagandisten der Partei.

Über den Begriff Propaganda ist viel gesprochen und geschrieben worden. Das Wort wurde zum ersten Mal im Jahre 1622 gebraucht, als Papst Gregor XV. eine Versammlung von Kardinälen einberief und sie

Congregatio de Propaganda Fide nannte: Gesellschaft zur Verbreitung des Glaubens. Wie immer sich Propaganda seit jener Zeit entwickelt haben mag, William Albig hat sicherlich recht, wenn er in seiner Studie „*Public Opinion*" sagt: „Propaganda trat überall auf, wo die Herrschenden die Meinung des Volkes zu formen versuchten, von den Schriften Julius Caesars... über die Enzykliken der Kirche...bis hin zu den ausufernden Propagandamanövern aller am Zweiten Weltkrieg beteiligten Parteien."

Bismarck, mit dem Goebbels Hitler so überschwenglich verglich, war selbst ein Meister der Propaganda. Ein Großteil der Lektüre, mit der Goebbels sich in seinen frühen Berliner Tagen beschäftigte, befaßte sich mit Bismarcks Methoden, zu denen auch die Fabrizierung von Briefen gehörte, die angeblich aus Rom oder Paris kamen und für deren Veröffentlichung in der Presse er sorgte, der Einsatz von Gerüchtemachern, die Mutlosigkeit unter der Opposition verbreiten sollten, und die Schaffung ausländischer Pressebüros.

Goebbels begann alsbald, „Fakten" über seine Gegner zu sammeln: über Kommunisten, Juden, Liberale und überhaupt jeden, der dem Nazismus ablehnend gegenüberstand. Zu passender Zeit würde er diese Informationen ausspielen können – nötigenfalls auch in verfälschter Form. Aber für den Augenblick brauchte er lautere und rauhere Methoden – Methoden, mit denen sich Aufmerksamkeit erregen ließ, vorzugsweise negative Aufmerksamkeit. Denn man wird rascher bekannt, wenn man sich den Zorn der Menge zuzieht, als indem man sie zu Lobgesängen veranlaßt.

Die Wege, die ihm offenstanden, waren durch die Finanzmittel der Berliner Partei diktiert. Jeder Gau lebte von den Geldern, die er einnahm. Doch der Gau Berlin war, wie Goebbels bereits festgestellt hatte, dem Bankrott nahe. Großformatige Anzeigen in der Presse, Postwurfsendungen, die Benutzung von Anschlagflächen, die von Annoncen-Expeditionen verwaltet wurden, kamen wegen Geldmangels nicht in Frage. Der Rundfunk, der eines Tages Goebbels ureigenstes Medium werden sollte, existierte damals noch nicht auf kommerzieller Basis; und wenn es ihn doch gegeben hätte, wäre er ebenfalls zu teuer gewesen. Es blieben ihm also nur die allereinfachsten Methoden der Reklame. Und diese, so stellte sich heraus, waren die wirksamsten.

Die Kampagne begann mit kleinen Plakaten, die Parteimitglieder an die Litfaßsäulen klebten. Die Litfaßsäulen waren für den allgemeinen Gebrauch freigegeben, was dazu führte, daß einer des anderen Plakate überklebte. Die Plakatkleber der Nazis ließen sich etliches einfallen, um in den dichtbevölkerten Straßen Berlins soviel Aufsehen wie möglich zu erregen. Sie fielen von ihren Leitern und wendeten andere Slapstick-Tricks an, um die Aufmerksamkeit der Passanten auf sich zu ziehen. Die Plakate wurden von Goebbels selbst entworfen. Er wußte die Druckereierfahrung, die er bei den Strassers erworben hatte, wohl zu verwerten. Dabei verwendete er große, brandrote Lettern, um provokative Phrasen an den Mann zu bringen, wie z.B.: „DER KAISER VON AMERIKA SPRICHT IN BERLIN". Rings um diese Botschaft war in kleinerem, aber immer noch auffallendem Schriftbild eine gut durchdachte Attacke auf den Dawes-Plan und seinen Befürworter, Reichsaußenminister Gustav Stresemann, gedruckt. Einen direkten Bezug auf Hitler oder die Nationalsozialisten fand man nur selten. Die Plakate waren nur dazu da, Neugierde zu erregen. Das taten sie mit solchem Erfolg, daß die liberale Presse ihnen Artikel auf der ersten Seite widmete. Sie sollten außerdem dem Leser eine ganz bestimmte These einhämmern – in diesem Fall: daß der Dawes-Plan vom Übel war, weil er die Erfüllung der Bedingungen des Versailler Vertrages forderte, und daß Stresemann ein Verräter war. Goebbels hatte Hitlers Analyse der Propaganda längst in sich aufgenommen. Eine der Thesen, zu finden in „Mein Kampf", war: „Die Wahrheit muß stets den Erfordernissen angepaßt werden. Was würden wir von einem Plakat halten, das Reklame für eine neue Seife zu machen versucht, indem es auf die hervorragenden Eigenschaften konkurrierender Seifenprodukte hinweist? Natürlich würden wir den Kopf schütteln. Mit der politischen Reklame sollte es sich genauso verhalten. Das Ziel der Propaganda ist nicht, zahlreiche miteinander konkurrierende Rechte herauszustellen, sondern nur das eine Recht, auf das man selbst pocht. Propaganda hat nicht objektiv nach der Wahrheit zu suchen und sie, wenn sie womöglich gar noch für die Gegenseite günstig ist, nach den Regeln irgendeiner theoretischen Gerechtigkeit darzustellen. Propaganda hat nur den Aspekt der Wahrheit zu präsentieren, der der eigenen Seite dient."

Goebbels erhielt von Hitler die Kopie einer Weisung, die auch im zweiten Band seines Werkes „*Mein Kampf*" zu lesen ist. Sie war begleitet von einer vertraulichen Mitteilung, wonach Goebbels, obwohl die Weisung eigentlich an Gregor Strasser als Propagandachef gerichtet sei, aufmerksam von ihr Kenntnis nehmen solle, „weil es Ihre Aufgabe ist, unsere Stärke in Berlin zu vergrößern." (Goebbels vertraulich Einsicht in eine an Strasser gerichtete Weisung nehmen zu lassen, ist typisch für Hitlers doppelschichtige Strategie. Er schürte Mißtrauen unter seinen Mitarbeitern. Mit seinen Plänen gegen Gregor Strasser ging er langsam zu Werke. Für den Augenblick brauchte er Strasser noch; aber Hitler hatte nie vergessen, daß Strasser nach der Parteiführung gestrebt hatte, während er sich in Haft befand). Die Weisung hatte folgenden Wortlaut: „Aufgabe der Propaganda ist es, Anhänger zu werben. Aufgabe der Organisation ist es, Mitglieder zu gewinnen. Anhänger einer Bewegung ist, wer sich mit ihren Zielen einverstanden erklärt. Mitglied ist, wer für sie kämpft. Es wird immer zehn Mitläufer auf ein oder höchstens zwei Mitglieder geben. Mitgliedschaft erfordert einen wachen Geist und paßt somit nur für eine Minderheit. Deshalb muß die Propaganda unermüdlich danach trachten, Mitläufer für eine Idee zu gewinnen, während die Organisation scharf darauf zu achten hat, daß von den Mitläufern nur die wertvollsten zu Mitgliedern gemacht werden. Wenn die Propaganda ein ganzes Volk mit einer Idee erfüllt hat, dann kann die Organisation mit einer Handvoll Menschen die Konsequenzen ziehen."

Goebbels hatte keine Ahnung von militärischer Strategie und war nie an der Front gewesen. Aber er begriff, daß sie beste Verteidigung der Angriff sei, und obendrein glaubte er fest daran, daß Revolutionen von Rednern, nicht von Artikelschreibern gemacht würden. Er entschloß sich, einen Vorstoß ins Lager des Gegners zu unternehmen, und mietete für eine Kundgebung am 11. Februar 1927 die Pharus-Säle im kommunistischen Herzen der Stadt. Die Plakate, die die Kundgebung ankündigten, imitierten schon äußerlich die Werbung der Kommunisten, und auch die Terminologie war von diesen entlehnt.

„Der Staat der Bourgeoisie nähert sich seinem Ende! Wir müssen einen neuen Staat schaffen! Arbeiter: Das Schicksal der deutschen Nation ist in Eurer Hand!"

Es gibt keine wirksamere Methode, Aufmerksamkeit zu erregen, als die Herbeiführung von Gewaltakten, besonders solchen Gewaltakten, denen militärisches Tamtam und Fahnenschwenken vorangehen. Goebbels erließ den Befehl, daß sich alle Parteimitglieder mit Bannern zu bewaffnen, sich vor dem Gauhauptquartier in der Lützowstraße zu formieren und von dort zu den Pharus-Sälen zu marschieren hätten. Er hielt außerdem eine Besprechung mit Kurt Daluege, dem Anführer der Sturmabteilung. Die SA war ursprünglich Hitlers Leibgarde gewesen, hatte sich inzwischen jedoch zu einer mitgliederstarken paramilitärischen Organisation entwickelt, die sich hauptsächlich als Rausschmeißer- und Raufgilde betätigte. Daluege, von Beruf Bauingenieur und Abteilungsleiter bei der Städtischen Müllabfuhr, ein Mann von wenig eindrucksvollem Intellekt, hatte die Aufgabe erhalten, die Kundgebung zu leiten und durch seine Männer den Saal schützen zu lassen. „Ich hatte in der Tat", so drückte es Goebbels später im *Kampf um Berlin* aus, „eine Situation geschaffen, in der nur einer ein Licht an die Zündschnur zu halten brauchte, und schon würde eine eindrucksvolle Explosion entstehen."

Die Kommunisten, wütend über den kecken Vorstoß in ihr eigenes Lager, drohten wortreich mit blutigen Zusammenstößen für den Fall, daß die Kundgebung nicht abgesagt würde. „Ihre Presse übertraf sich selbst in Drohungen, die das Blut gerinnen machten. Sie sagten, sie würden uns ein herzliches Willkommen bieten — so herzlich, daß wir niemals wieder würden zurückkehren wollen."

Dalueges Sturmmänner waren angewiesen, in Zivil zu erscheinen und sich unter die Teilnehmer der Kundgebung sowie unter die Menge vor der Tür zu mischen. Die Parteimitglieder dagegen marschierten uniformiert — mit Schaftstiefeln und Armbinden — durch die Straßen. Sie trugen Hakenkreuzbanner und erregten beträchtliches Aufsehen. Es gab Schmäh- und Begeisterungsrufe. Als sie die Pharus-Säle erreichten, hing dort die Ahnung kommenden Unheils in der eisigen Februarluft.

Gewalttätigkeit war vorgeplant, und sie ergab sich auch. Daluege als Vorsitzender hatte die Versammlung gerade zur Ordnung gerufen, als sich im Hintergrund des Saales eine Stimme erhob. Sie wollte sich vielleicht über die Länge der Tagesordnung beschweren, wer weiß – auf jeden Fall hob Daluege die Wasserkaraffe hoch, die vor ihm auf dem Tisch stand, und schleuderte sie in Richtung des Sprechenden. Keine Sekunde später schwirrten Biergläser, Flaschen und ein überraschend vielfältiges Sortiment eiserner Gegenstände durch die Luft. Pro-Nazis und Pro-Kommunisten verwickelten einander in Prügeleien. Währenddessen saß Goebbels zur Rechten Dalueges, die Arme teilnahmslos verschränkt. Man hörte ihn „Coitus interruptus" sagen – ein doppeldeutiges Stichwort, das er eigens für diese Gelegenheit geprägt hatte –, und schon ergriffen sechs SA-Männer den Zwischenrufer, der das Chaos ursprünglich ausgelöst hatte, und schlugen ihn erbarmungslos zusammen. Zur gleichen Zeit öffneten sich die Seitenausgänge, und die Masse der SA-Leute drang in den Saal. Jeder, der auch nur eine Spur von Widerstand leistete, wurde angegriffen. Schließlich erschien die Polizei, die merkwürdig lange gezögert hatte – vielleicht war Bestechung im Spiel! –, in das Durcheinander einzugreifen. Verhaftungen wurden vorgenommen – zumeist Unbeteiligter –, und die Verwundeten wurden mehr schlecht als recht versorgt.

„All das hatte etwas mehr als dreißig Minuten in Anspruch genommen", sagt Goebbels über den Vorgang, „und ich erteilte daraufhin Anweisung, daß die Parteimitglieder und Sturmmänner, die sich Verletzungen zugezogen hatten, auf die Tribüne gebracht würden, wo man sie sehen und ihr schmerzerfülltes Stöhnen hören konnte. Ich sprach sodann zu den Zuhörern über ein Thema, das ich sorgfältig vorbereitet hatte, so daß es klingen mußte, als spräche ich aus dem Stegreif — „Der unbekannte Sturmmann" —, und in Abständen von jeweils zehn Minuten ordnete ich an, daß einer der Verwundeten hinausgetragen würde. Jedermann im Saal konnte die blutenden Wunden sehen. Dies, fand ich, war eine überaus wirksame Methode Aufsehen zu erregen."

Der führende Darsteller im nationalsozialistischen Drama Berlins hatte seinen ersten Auftritt gehabt. Von da an würde er die Bühne niemals mehr verlassen.

Das Drama beginnt

Goebbels behauptete von sich selbst, er sei „zum Drama geboren." Information dieser Art taucht immer wieder in seinem Tagebuch auf. Es war in der Tat etwas Wahres an dieser Selbsteinschätzung. Er sollte in Zukunft viel mit dramatischen Unternehmungen zu tun haben. Die Nürnberger Parteitage, seine Sportpalast-Reden — all das waren sorgfältig einstudierte Auftritte. Er brachte es niemals fertig, die emotionsgeladene Atmosphäre zu schaffen, die Hitler um sich verbreitete. Aber das Selbstbewußtsein, mit dem er Gestik und Stimme kontrollierte, verlieh seinen Reden eine Tiefenwirkung von ganz anderer Art. Auf ihre Vorbereitung verwendete er große Sorgfalt. Er benutzte verschiedenfarbige Tinten, um die Nuancen der Betonung voneinander zu differenzieren, und übte jede Rede vor einem dreiteiligen Spiegel in seinem Zimmer im Hause der Steigers. Das Steiger-Haus stand unmittelbar am Tiergarten. Diese Unterkunft hatten ihm die Strasser-Brüder kurz nach seiner Ankunft in Berlin verschafft.

Die Steigers waren reich und von Einfluß. Jedermann in Berlin, der etwas auf sich hielt, suchte ihre Gesellschaft. Johann Steiger war einer der Herausgeber des „Berliner Lokalanzeigers", der Alfred Hugenberg gehörte. Hugenbergs zählten zu jenen wohlhabenden Unternehmern, die der Partei Geldmittel zuführten und in den obersten Gesellschaftsschichten Anhänger warben − Anhänger, deren Reichtum aus den Entschädigungen bestand, die sie für ihre verlorenen Güter erhalten hatten. Aus den Taschen solcher Menschen schöpfte die Partei und lieferte ihnen als Gegenwert die Hoffnung, daß sie in Hitlers neuem Reich wieder zu Amt und Würden kommen würden. „Es ist vorteilhaft und wichtig, mit solchen Leuten Kontakt zu haben", schreibt Goebbels von Berlin an seine Eltern. „Frau Steiger besitzt eigenes Vermögen und empfängt bei sich des öfteren Spitzen der Gesellschaft − die alle meine Redegabe und mein Klavierspiel sehr bewundern und sicher sind, daß mir eine große Zukunft bevorsteht."

Die „Spitzen der Gesellschaft" waren minderrangige Angehörige ehemaliger regierender Häuser, wie z.B. die Großherzöge von Mecklenburg und von Hessen, Prinz August Wilhelm von Preußen, Herzog Ernst August von Braunschweig, Prinz Christian von Schaumburg-Lippe. Sie sogen Goebbels Charme und Unterwürfigkeit auf wie Schwämme. Sie hörten sich gern die Reden an, die er im elegant ausgestatteten Steigerschen Herrenzimmer vor ihnen einstudierte, und fanden auch Gefallen an seinem Vortrag vaterländischer Lieder auf dem Bechstein-Flügel, den Johann Steiger als Weihnachtsgeschenk von Helene Bechstein erhalten hatte, der Ehefrau des Fabrikanten, die selbst eine begeisterte Hitler-Anhängerin und Geldgeberin der Partei war. „Der kleine Doktor", hörte man einen von ihnen sagen, „spricht mit finsteren Worten; aber gleichzeitig erweckt er unsere Zuversicht für Deutschlands Zukunft."

In der ersten Jahreshälfte 1927 erschien Deutschlands wirtschaftliche Zukunft in der Tat in einem helleren Licht. Das war eine Folge der riesigen Kredite — rund sieben Milliarden Dollar —, die nach den Bestimmungen des Dawes-Plans aus den U.S.A. in die deutsche Staatskasse geflossen waren.

„Die Republik", sagt William L. Shirer in seinem Buch „Aufstieg und Fall des Dritten Reiches" (Köln/ Berlin 1961), „nahm Anleihen auf, um die Reparationen zu bezahlen und ihre riesigen, für die Welt beispielhaften sozialen Einrichtungen auszubauen. Die Länder, die Städte, die Gemeinden finanzierten mit geborgtem Geld nicht allein notwendige Verbesserungen, sondern auch den Bau von Flugplätzen, Theatern, Sportstadien und prächtigen Schwimmbädern. Die Industrie, die durch die Inflation ihre Schulden losgeworden war, nahm Millionenkredite auf, um neue Maschinen anzuschaffen und ihre Produktion zu rationalisieren. Ihre Produktionsrate, die 1923 auf 55 Prozent gegenüber 1913 abgesunken war, stieg bis 1927 auf 122 Prozent an. Im Jahre 1928 unterschritt die Arbeitslosenzahl — 650 000 — zum erstenmal seit dem Kriege die Millionengrenze. Im selben Jahr verzeichnete der Einzelhandel eine Umsatzsteigerung von zwanzig Prozent gegenüber 1925, und im Jahr darauf betrugen die Durchschnittslöhne 10 Prozent mehr als in den vergangenen vier Jahren. Die Kleinbürger, aus denen Hitler seine Massenanhängerschaft rekrutieren mußte, die vielen Millionen Gehaltsempfänger und kleinen Ladenbesitzer hatten teil an dem allgemeinen Wohlstand."

Das Jahr war jedoch noch nicht zu Ende, als dem allgemeinen Wohlstand der Teppich unter den Füßen fortgezogen wurde. Im Juni zeigte die Börse erste Anzeichen von Schwäche. Im Oktober 1929 kam es zum „Schwarzen Freitag", dem großen New Yorker Börsenkrach, der die Wirtschaft der westlichen Welt ins Chaos stürzte und mit seinen Auswirkungen auch Deutschland nicht verschonte. Jetzt, als das Geld des Dawes-Plans nicht mehr floß, wurde die Unsicherheit der Fundamente der deutschen Industrie offenbar. Es gab immer wieder, wie Shirer sagt, kurze und trügerische Wellen des Wohlstands; aber die gesamte Basis der Volkswirtschaft war ungesund. Goebbels, der absolut nichts von wirtschaftlichen Dingen verstand, gab düstere Prophezeiungen von sich, weil er ganz richtig spürte, daß die Partei nur im Tumult der Depression und der Massenarbeitslosigkeit nennenswerte Fortschritte machen würde. „Der Zusammenbruch — in moralischer, physischer und finanzieller Hinsicht — steht vor der Tür", deklamierte und schrieb er in unermüdlicher Wiederholung. Da aber mittlerweile jedermann sehen konnte, daß der Sommer des Wohlstands sich dem Ende zuneigte, erwarb er sich den Ruf eines Orakels. Den Stützen der Gesellschaft ebenso wie dem Mann auf der Straße verdrehte er den Kopf in Richtung des nationalsozialistischen Glaubensbekenntnisses.

Als Gauleiter hatte Goebbels die Aufgabe, neue

Parteimitglieder und Mitläufer zu gewinnen, wobei er den Unterschied zwischen beiden, wie ihn der Führer dargelegt hatte, nicht außer acht lassen durfte. Er erzielte einen frühen Erfolg. Drei Tage nach der Februarschlacht in den Pharus-Sälen wurden 2600 Aufnahmegesuche in die Partei und 500 in Dalueges Sturmabteilung gezählt. Er organisierte sofort eine weitere Versammlung, in deren Verlauf ein älterer Pastor namens Fritz Stucke von Sturmmännern zusammengeschlagen wurde. Seine Verletzungen wurden vom zuständigen Krankenhaus an die Polizei gemeldet. Der Polizeivizepräsident („Vipoprä") Dr. Bernhard Weiß, ein hochgebildeter Jude, verbot daraufhin sämtliche Nazi-Aktivitäten innerhalb Groß-Berlins. Das Verbot produzierte Schlagzeilen und damit die von Goebbels erwünschte Reklamewirkung. Gleichzeitig erlaubte es Goebbels, einen weiteren Seitenhieb gegen den „typischen Juden" zu führen, der von Hitler in *„Mein Kampf"* auf so hysterische Weise charakterisiert worden war. Es stellte sich jedoch später heraus, daß Pastor Stucke sein Amt wegen chronischem Alkoholismus längst aufgegeben hatte und in Wirklichkeit kein Demokrat, sondern ein Befürworter der Nazi-Idee war. (Man belohnte ihn dann mit einem unbedeutenden Parteiamt in der Ruhe der Provinzstadt Köslin, wo er sich ins Grab trinken konnte, ohne Schaden anzurichten).

Goebbels' These hatte sich als richtig erwiesen. Um Aufmerksamkeit zu erregen, waren die ungehobeltsten Methoden gerade die richtigen. Beschimpfung war für die Nazis viel nutzbringender als Lob. Aus Beschimpfung konnte man etwas machen. Man konnte sie als Unrecht, Neid, Rachsucht oder sonst irgendeine Art Schandbarkeit deuten. Man konnte sie so drehen, daß zum Schluß noch ein Vorteil daraus entstand: Die Beschimpften, Beneideten, zu Unrecht Bestraften gewannen neue Sympathisanten und Anhänger.

Das polizeiliche Versammlungsverbot wurde damit begründet, daß gewaltsame Übergriffe von seiten der SA und Zusammenstöße auf Kundgebungen sich seit Goebbels' Ankunft in Berlin gehäuft hätten. Außerdem waren nicht wenige geheimnisvolle Todesfälle mit offenbar politischem Hintergrund registriert worden. Ohne Zweifel verlor die Polizei angesichts der Häufung von Demonstrationen mit wehenden Bannern und emotionsgeladener Musik allmählich die Nerven. Hinzu kamen Goebbels' anfeuernde, mit Zynismus geladene Reden. Er war ein Agitator und ein Störer des Friedens, dem die Polizei Einhalt gebieten mußte. Aber so gerechtfertigt das Versammlungs- und Redeverbot auch gewesen sein mag, es erwies sich als nahezu wirkungslos. Goebbels hielt weiterhin Reden: auf „privaten" Versammlungen im herrschaftlichen Salon der Steigers oder in Kneipen. Die Ankündigung solcher Veranstaltungen wurde nicht mehr durch Plakate und Anzeigen, sondern von Mund zu Mund verbreitet. Zahlreiche Klubs und Vereine entstanden über Nacht, die sich angeblich dem Sport, der Unterhaltung oder der Pflege der Literatur widmeten. Das Verbot bewirkte lediglich, daß die Partei den größten Teil ihrer Aktivität in den Untergrund verlagerte.

Goebbels machte aus dem Verbot eine Manifestation der Furcht, die die Republik angesichts der wachsenden Stärke der Partei empfand. Er formulierte es so:

„Als sie unsere feste Entschlossenheit erkannten, hörten sie bald auf zu lachen. Sie verunglimpften uns und zogen uns durch den Schmutz. Als Verfolgung und Verleumdung sich als wirkungslos erwiesen, hetzten sie den Roten Terror auf uns. Er fand in uns einen kampfbereiten Gegner. Der Feind schäumte vor Wut. Bald suchte er Zuflucht in willkürlichen und gesetzeswidrigen Aktionen. Das Verbot unserer Partei war ein eindeutiger Verstoß gegen die von ihm selbst erstellten Spielregeln der Demokratie. Jetzt existieren wir nicht mehr — so nimmt er wenigstens an. Der Federstrich eines jüdischen Lumpen hat uns angeblich aus der Liste der Realitäten entfernt. Allein die Erwähnung unseres Namens, der Anblick des Hakenkreuzes bringen die Republik zum Zittern. Wer von uns hätte geglaubt, daß wir schon so stark sind?

Nachdem mir das öffentliche Reden verboten worden war", fährt Goebbels fort, „war es notwendig, daß die Partei eine andere Methode entwickelte, um die nationalsozialistische Propaganda unters Volk zu bringen. Obwohl ich dem gedruckten Wort weniger Kraft beimaß als dem Wort des Redners, war ich gezwungen, fürs erste mit ihm vorlieb zu nehmen."

Er entschied schließlich, daß eine Zeitung gegründet werden müsse, und zwar eine, die vollständig unter seiner Kontrolle stand und von der „Berliner Arbeiterzeitung" der Brüder Strasser unabhängig war.

„Ich werde nie vergessen, wie wir eines Abends zusammensaßen und uns den Kopf darüber zerbrachen, wie die neue Zeitung heißen sollte. Plötzlich hatte ich eine Idee. Es gab nur einen denkbaren Namen: „DER ANGRIFF! Der Name allein hatte schon Propagandawert; denn angreifen – das war das, was wir wirklich wollten."

Die erste Ausgabe kam am 4. Juli 1927 heraus. Sie war von einem Drucker hergestellt, der sich seiner Aufgabe nur mit mäßiger Anteilnahme widmete, weil er, um den Auftrag zu erhalten, drei Monate Kredit hatte gewähren müssen. Das Papier sog die Druckerschwärze auf, und die Zeitung wurde fast nur von Parteimitgliedern gekauft, denen zur Auflage gemacht worden war, das Blatt zu abonnieren. Der Inhalt war barbarisch. Die Witze waren platt und schlecht gezeichnet. Die Typographie war allein auf Schockwirkung abgestellt und geschmacklos. Die Leitartikel troffen von Gift. Aber in seiner eigenen grobschlächtigen Weise war die Zeitung ein wirksames Sprachrohr für die Partei. (Nachrichten enthielt sie überhaupt keine. Sie beschäftigte sich nur mit Politik und dem Waschen schmutziger Wäsche.)

Binnen eines Monats hatte der „Angriff" genug Wellen geschlagen, um Goebbels von neuem ins Zentrum der öffentlichen Aufmerksamkeit zu rücken. Er hatte es sich zur Aufgabe gemacht, Bernhard Weiß in Wort und Karikatur mit soviel Tücke wie möglich anzugreifen. Seine jüdische Herkunft drückte sich in seinen Zügen aus. Goebbels übertrieb die rassischen Merkmale seiner Physiognomie und stellte ihn als verlotterten Landstreicher, als Schlange, als gefräßige

Spinne und in zahlreichen anderen, Widerwillen erregenden Gestalten dar, denen allen der Name „Isidor" gemeinsam war, der für deutsche Begriffe archetypische jüdische Vorname. „Das ist das Gesicht unserer sogenannten Demokratie", hieß die Beschriftung einer der Karikaturen: „Geschwärzt von Feigheit, verzerrt von Lüge."

„Wir machten Weiß für alles Unrecht verantwortlich, das uns von der Polizei zugefügt wurde, und zwar in abfälligster Weise", schrieb Goebbels später im *„Kampf um Berlin"*. Solche Taktiken forderten natürlich einstweilige Verfügungen und Verleumdungsklagen gegen den *„Angriff"* heraus. Die Zeitung hatte kein Geld, um sich vor Gericht wirksam dagegen zu verteidigen. Es hätte eigentlich dazu kommen müssen, daß Verleger und Herausgeber ins Gefängnis gesteckt wurden. Daß dies nicht geschah, deutet an, daß die Behörden sich vor Vergeltungsaktionen der zwar verbotenen, aber weiterhin aktiven Nazis und ihrer Sturmabteilung fürchteten. Diese unterschwellige Art von Furcht war in gewisser Hinsicht verständlich. Weiß selbst wurde während eines abendlichen Spaziergangs ergriffen und zusammengeschlagen. Die Übeltäter waren einige seiner eigenen Polizisten, die sich später darauf herausredeten, sie hätten ihn in der engen, unbeleuchteten Gasse für einen gesuchten Verbrecher gehalten. Es kommt uns jedoch wahrscheinlicher vor, daß der Überfall das Resultat einer frühen Transfusion von Nazi-Blut in die Adern der Berliner Polizei war. Jedenfalls erinnerte sich Goebbels später daran, daß in jenen frühen Tagen des *„Angriffs"* es sein „ein-

60

ziger Wunsch war, den Tag zu erleben, wenn wir am Polizeipräsidium vorfahren, an die Tür klopfen und sagen würden: ‚Herr Weiß, Ihre Stunde hat geschlagen...‘"

Die Stunde des Herrn Weiß und vieler anderer Leute rückte um einiges näher, als die Reichstagswahlen vom 20. Mai 1928 angekündigt wurden. Damit an der demokratischen Struktur der Republik auch nicht der geringste Zweifel entstünde, wurde die Nazi-Partei wieder zugelassen. Für Hitler war damit der Weg frei.

Es war immer Hitlers Absicht gewesen, daß der Nationalsozialismus möglichst durch die in freier Entscheidung getroffene Wahl des Volkes zur Macht kommen anstatt dem Volke aufgezwungen werden solle. So kam es denn schließlich auch, auch wenn ein paar überaus glückliche Umstände und Zufälle letzten Endes dazu beitrugen, daß alle Macht in der Hand des Führers vereinigt wurde. Im Jahr 1928 allerdings hatte er noch nicht einmal das Recht, sich als Reichstagskandidat zur Wahl zu stellen. Er war nämlich staatenlos, nachdem er am 7. April 1925 seine österreichische Staatsangehörigkeit abgelegt hatte in der Hoffnung, das Reich werde ihn in Anerkennung seiner Dienste für das Vaterland im Kriege zum deutschen Staatsbürger machen. Da jedoch der Beitrag, den er als Soldat geleistet hatte, ohne besondere Glanzpunkte gewesen und lediglich durch die Verleihung beider Eisernen Kreuze honoriert worden war, brachte sein Gesuch die Herzen der Herren im Einwanderungsamt keineswegs ins Wallen. Er schwätzte einigen einflußreichen bayerischen Freunden Empfehlungsschreiben ab, die ihm die Erlangung der deutschen Staatsangehörigkeit erleichtern sollten. Aber auch das brachte keinen Erfolg. Entweder waren die Freunde nicht so einflußreich, wie er dachte, oder sie waren nicht wirklich Freunde. Dessenungeachtet konnte er die Vertretung der Nationalsozialisten im Reichstag dadurch bewirken, daß er einige seiner Handlanger zur Wahl stellte. Goebbels war einer der ersten, die der Führer für diese Aufgabe ausersah.

Das wiederum brachte den Gauleiter Berlin in eine Lage, die für jeden anderen höchst peinlich gewesen wäre. Denn Goebbels hatte den Reichstag in seinem *„Angriff"* monatelang verächtlich zu machen versucht.

„Es gibt dort große Hallen, in denen man der Verdauung pflegen kann. Es stehen da lange Reihen weich gepolsterter Sessel, die sich ausgezeichnet für ein Schläfchen eignen. Von einem Schläfchen zu sprechen, ist eher noch eine Untertreibung. Wer dort am Nachmittag eintritt, hört die Abgeordneten in schöner Harmonie vor sich hinschnarchen. Die Vertreter des deutschen Volkes ruhen sich von der schweren Arbeit aus, die sie für das Vaterland verrichtet haben."

Jetzt, selbst zur Wahl gestellt, mußte er eine Kehrtwendung vollziehen. Diese rechtfertigte er mit aggressivem Selbstvertrauen etwa so:

„Wir werden in den Reichstag einziehen, um uns im Zeughaus der Demokratie mit deren eigenen Waffen zu versehen. Wir werden Reichstagsabgeordnete sein, die den Geist von Weimar mit Weimarer Hilfe paralysieren. Wenn es uns gelingt, sechzig oder siebzig unserer eigenen Agitatoren und Organisatoren in den Reichstag zu bringen, dann wird der Staat selbst die Ausrüstung unseres Kampfapparats bezahlen. Wer immer in den Reichstag gewählt wird, ist erledigt — aber nur dann, wenn er sich darauf beschränkt, ein Reichstagsabgeordneter zu sein. Behält er dagegen seine innere Ruhelosigkeit und fährt fort, ohne Erbarmen gegen die fortschreitende Demoralisierung des öffentlichen Lebens zu kämpfen, so wird er kein Reichstagsabgeordneter, sondern bleibt, was er ist: ein Revolutionär... Wir, die wir euch dies hundert-, tausendmal zugerufen haben, um in Euch den Glauben an ein neues Deutschland zu wecken...wir bitten nicht schlechthin um Stimmen. Wir fordern und erwarten Überzeugung, Hingabe, Leidenschaft. Die Wählerstimme ist weiter nichts als ein Mittel zum Zweck, für Euch wie für uns selbst. Wir wollen nicht einen Misthaufen bauen helfen. Wir kommen, um den Mist auszuräumen."

Es gab insgesamt 500 Sitze im Reichstag. Wenn Goebbels wirklich geglaubt hatte, seine Partei könne davon sechzig oder siebzig erringen, so sah er sich alsbald gründlich enttäuscht. Von 30 Millionen Wahlberechtigten erhielten die Nazis nur 800 000 Stimmen — davon 50 000 in Berlin allein, offenbar dank der Goebbelsschen Bemühungen. So klein aber der Stimmenanteil auch sein mochte, er trug den Nazis zwölf Reichstagssitze ein. Einer davon fiel an Goebbels. „Die Vorstellung kann beginnen", schrieb er.

Der erste Akt

Am Abend des Wahltags brachen in Hamburg viele Menschen auf der Straße — einige sogar in ihren Wohnungen — unter dem Einfluß grünlicher Dämpfe zusammen, die durch die Stadt trieben und erst in den Morgenstunden des 21. Mai durch einen vom Hafen her wehenden Wind landeinwärts geblasen wurden. Zu den Krankenhäusern, in die die Zusammengebrochenen eingeliefert wurden, hatten die Dämpfe infolge weit geöffneter Fenster leichten Zutritt, so daß auch Ärzte und Krankenschwestern dem gefährlichen Gas zum Opfer fielen. Insgesamt gab es 28 Todesopfer.

Die ehemaligen Kriegsteilnehmer identifizierten das Gas ohne Mühe. Es war Chlor oder etwas diesem Verwandtes. Die Untersuchung ergab anscheinend, daß es aus Gasflaschen entwichen war, die in einer Schiffsmaschinenfabrik in der Nähe des Hafens gelagert wurden. In den anschließenden Verhören sagten die Verantwortlichen aus, das gefährliche Gas hätte für Bleichzwecke verwendet werden sollen. Aber einige liberale Blätter äußerten den unverhohlenen Verdacht, das Chlor sei für den Bedarf der chemischen Kriegsführung gelagert worden. „Krieg — gegen wen?" fragten sie. „Der Versailler Vertrag mag in einiger Hinsicht ein Dokument der Ungerechtigkeit sein; aber sein Ver-

Familie Goebbels 1935: Tochter Hilde, Magda Goebbels, Tochter Helga, Dr. Goebbels, Stiefsohn Harald Quandt (v. l. n. r.)

Verteidigung der politischen Leiter der NSDAP
im Berliner Sportpalast am 13. 4. 1935 durch Goebbels

Goebbels im Kreise von Jungmädeln aus Graz/Steiermark während des Reichsparteitages am 12. 9. 1938 in Nürnberg

Goebbels begrüßt während des Parteitages
im September 1938 den britischen Botschafter
Sir Neville Henderson

bot chemischer Gase für alle Zwecke außer der sorgfältigst kontrollierten, unerläßlich notwendigen industriellen Verwendung ist weise."

Natürlich versuchten die Kommunisten, aus dem Unglück Kapital zu schlagen, indem sie mit hastig zusammengeklaubten Indizien zu beweisen versuchten, die Nazis steckten hinter der finsteren Sache. Goebbels auf der anderen Seite wob einen wundersamen Lügenteppich, der die Unentschiedenen überzeugen sollte − und in zahlreichen Fällen auch tatsächlich überzeugte − daß die Kommunisten in Getreidesäkken nicht nur Chlor und andere Giftgase importierten, sondern auch Ratten, die mit Pest infiziert worden waren, und daß die Ratten auf das Volk losgelassen werden würden, wenn nicht die Nazis rechtzeitig vorher an die Macht kämen, um diese Unmenschlichkeit zu verhindern.

Die tatsächlichen Beweise, die Goebbels vorbrachte, hätten nicht einmal ausgereicht, einen vertrauensseligen Fünfjährigen zu überzeugen; aber gekleidet in die doppelzüngigen Worte demagogischer Reden erregten sie Aufsehen. Es gab eine ganze Reihe von Verleumdungsklagen gegen den *„Angriff"*, die allesamt zu schweren Geldstrafen für den Verleger, den Herausgeber und die Drucker führten. Aber wie zuvor wurden die Strafen auch diesmal nicht bezahlt. Außerdem konnte Goebbels jetzt parlamentarische Immunität für sich in Anspruch nehmen. Infolgedessen brauchten weder er noch seine Mitarbeiter im Zusammenhang mit der Verhetzungsaktion gegen die Kommunisten irgendwelche Gefängnisstrafen abzusitzen. Die

Anwesenheit des Chlors in der Maschinenfabrik wurde übrigens niemals zufriedenstellend erklärt. In Form eines Gases hätte es als Bleichmittel wohl nicht verwendet werden können. Die Sache geriet schließlich in Vergessenheit — sicherlich nicht zum Mißvergnügen mancher an der Affäre Beteiligter.

Goebbels' Sitz im Reichstag brachte mit sich, daß man seine Worte von nun an in ganz Deutschland hörte. Er blieb Gauleiter von Berlin, aber aus der lokalen wurde eine nationale Figur. Am 9. Januar 1929 unterzog Hitler sein „Kabinett" einer Reorganisation. Gregor Strasser, der für den Führer immer noch zu wertvoll war, als daß er ihn hätte zurücksetzen können, wurde zum Organisationsleiter ernannt, ein Posten, der unmittelbar nach dem des Führers kam. Goebbels aber, zu seiner unaussprechlichen Freude, erhielt das Amt, das er bis zum Ende des Dritten Reiches beibehalten sollte: Reichspropagandaleiter.

Diese nun offizielle Verantwortung war ihm wie auf den Leib geschneidert. Auf seinem neuen Posten leistete er Bewundernswertes. Er teilte (oder imitierte) Hitlers Verachtung für die Intelligenz der Masse, die in folgendem Auszug aus *„Mein Kampf"* ihren Ausdruck findet:

„Die Aufnahmefähigkeit der großen Masse ist nur sehr beschränkt, das Verständnis klein, dafür jedoch die Vergeßlichkeit groß. Aus diesen Tatsachen heraus hat sich jede wirkungsvolle Propaganda auf nur sehr wenige Punkte zu beschränken und diese schlagwortartig solange zu verwerten, bis auch bestimmt der Letzte unter einem solchen Worte das Gewollte sich

66

vorzustellen vermag. Sowie man diesen Grundsatz opfert und vielseitig werden will, wird man die Wirkung zum Zerflattern bringen, da die Menge den gebotenen Stoff weder zu verdauen noch zu behalten vermag. Damit aber wird das Ergebnis wieder abgeschwächt und endlich aufgehoben. Je größer so die Linie ihrer Darstellung zu sein hat, um so psychologisch richtiger muß die Feststellung ihrer Taktik sein."

Die wirksamste Methode, eine große Zuhörerschaft zur Aufnahme einer Idee zu bewegen, das wußte Goebbels instinktiv, besteht darin, sie emotionell zu präparieren. Mit der geeigneten Musik und einem den Umständen angepaßten feierlichen Ritual ließ sich praktisch jede Stimmung erzeugen. Die hypnotische Wirkung von Kampfrufen, patriotischen Liedern, rhythmischen Marschschritten, Flutlicht, Wäldern von Flaggen und Bannern und Formationen uniformierter Männer war ihm bekannt. Nur mußten solche Dinge sorgfältig organisiert und durften niemals übertrieben werden, damit sie nicht lächerlich wirkten. Natürlich begünstigte ihn das Glück insofern, als seine Zuhörerschaft eine Nation war, deren Sinn für Humor als schwerfällig bekannt ist. (Der nationalsozialistische Stechschritt wäre von britischen oder amerikanischen Exerzierplätzen durch Lachstürme hinweggefegt worden.) Da Chauvinismus, Angriffslust und Sentimentalität starke Elemente des deutschen Charakters sind, ließen die Deutschen sich leicht dazu bewegen, den brennenden Nationalismus der Nazis mit dem ständig wiederholten Konzept der „rassischen Reinheit" zu akzeptieren. Er brauchte ihnen nur von einem zündenden Redner vorgetragen zu werden.

Hitler selbst durfte jetzt wieder öffentlich sprechen, und das tat er ausgiebig. Goebbels' sorgfältig organisierte Öffentlichkeitsarbeit brachte ihm riesige Zuhörerschaften ein, wie z.B. jene im Berliner Sportpalast. „Ich machte es mir zur einzigen Aufgabe", schrieb der neue Propagandachef mit unverhülltem Zynismus, „den schwerfälligen Köpfen der Masse einzuhämmern, daß Hitler der Gott des erwachenden Deutschland war."

Aber die Kundgebungen, die im Sportpalast stattfanden, waren in Wirklichkeit nur Theaterproben für die wahrhaft phantastischen Massenversammlungen in Nürnberg, denen Goebbels von 1929 an seine besondere Aufmerksamkeit widmete.

Parteitage hatte es seit 1923 gegeben, als die Nazis und ihre Anhänger sich in München versammelten, um ungezählte Schmähreden gegen die verhaßte Weimarer Republik zu hören. Damals fand zum erstenmal eine Zeremonie statt, die zum festen Bestandteil eines jeden Parteitags werden sollte: die Fahnenweihe. Das Ritual begann mit Hitlers langatmiger Interpretation der Farben Schwarz, Weiß und Rot in der Hakenkreuzfahne und der Verpflichtung aller, die unter der Parteistandarte marschierten, sie niemals außer im Tod aufzugeben und sie vor aller Beschmutzung durch Juden und Marxisten zu bewahren. Darauf folgte eine Parade der SA mit einem Wald von Hakenkreuzbannern, die von Hitler, der reglos mit zum nationalsozialistischen Gruß erhobenem Arm auf der Tribüne stand, feierlich „geweiht" wurden.

Die Parteitage waren ursprünglich Julius Streichers

Idee. Streicher war ein pervertierter Sadist, der Hitler als einer seiner ersten Henkersknechte diente und zusammen mit einem städtischen Beamten, Willy Liebel, die erste Zusammenkunft in Nürnberg organisierte. Streicher hatte wie Goebbels einen natürlichen Instinkt für Organisation, ungeachtet seiner wesentlich geringeren Intelligenz. Sein melodramatisches Gespür war hoch entwickelt. Von 1929 an übernahm jedoch Goebbels die Organisation der Parteitage und zog die Augen der Welt auf Nürnberg, den Brennpunkt nationalsozialistischer Aktivität.

Nachdem er das heißbegehrte Amt des Reichspropagandaleiters an sich gerissen hatte, sah er sich nun genötigt, sich mit der modernen Kriegspropaganda anderer Länder zu beschäftigen. Am wirksamsten hatten auf diesem Gebiet die Briten im Krieg gegen Deutschland gearbeitet. In seinem Tagebuch äußerte er sich abfällig über „die verrückte Art und Weise, wie die Briten all ihre Geheimnisse und Theorien über die Beeinflussung des Gegners zusammentragen und sie in einem Buch veröffentlichen, das sich ein jeder beschaffen und lesen kann."

Das Buch, von dem er sprach, war ein gutes Beispiel der theoretischen und praktischen Aspekte der britischen Propaganda unter der Leitung von Lord Northcliffe, vom August 1918 bis zum Waffenstillstand. Der Verfasser war Sir Campbell Stuart, einer von Northcliffes Mitarbeitern. Das Buch erschien 1920 unter dem Spannung versprechenden Titel „*The Secrets of Crewe House*". Crewe House war das Hauptquartier der Propaganda-Abteilung in der Curzon Street (Mayfair). Es handelte sich um die Londoner Residenz des Marquis of Crewe.

An der Veröffentlichung des Buches, über dessen Inhalt sich jeder an Propaganda Interessierte auch aus anderen Quellen hätte in Kenntnis setzen können, war natürlich nichts Verrücktes. Goebbels verriet vielmehr seine Leichtgläubigkeit, indem er es so überaus ernst nahm. Es war ein äußerst beliebtes Buch, befriedigte es doch den Bedarf der Öffentlichkeit an Informationen aus dem „geheimen Bereich". „*The Secrets of Crewe House*" war kein besonders aufregendes Werk; aber es enthielt eine logisch fundierte Erklärung des Zwecks der Propaganda und eine kluge Analyse der deutschen Unfähigkeit, das Konzept der Propaganda während des Krieges 1914 – 18 zu begreifen.

„Propaganda", schrieb Stuart, „heißt, einen Fall so darstellen, daß andere sich dadurch beeinflussen lassen. Richtet sie sich gegen einen Feind, dann darf ihr Gegenstand selbst nicht propagandistischer Natur sein. Außer in besonderen Umständen sollte ihr Ursprung völlig unbekannt bleiben. Im allgemeinen ist es auch wünschenswert, daß die Kanäle der Kommunikation, durch die sie verbreitet wird, geheimgehalten werden.

Die Schaffung einer günstigen ‚Atmosphäre' ist das erste Ziel der Propaganda. Bevor dieser psychologische Effekt erzielt ist (durch militärische Ereignisse, propagandistische Aktivität oder als Folge interner politischer Unzufriedenheit), sind Truppen und Zivilbevölkerung des Gegners – in der modernen Kriegsführung sind beide gleich wichtig – für eine Beeinflussung nicht geeignet. Um diese ‚Atmosphäre' zu schaffen, muß Propaganda kontinuierlich betrieben werden. Dies bedingt die Definition einer brauchbaren Propagandapolitik, gestützt auf umfassende Kenntnis der Tatsachen, der politischen, militärischen und wirtschaftlichen Entwicklung und ebenso der Psychologie des Gegners.

Wenn eine klare Linie etabliert ist, dann kann mit der Propaganda begonnen werden, aber nicht vorher. *Der erste Grundsatz aller Propaganda ist, daß nur wahre Aussagen gemacht werden dürfen."*

Über diese Feststellung machte Goebbels sich lustig. Er hatte sich längst dem Prinzip der Lüge verschrieben. „In Propagandadingen die Wahrheit zu sagen", schrieb er, „ist so dumm, daß man nur vermuten kann, das ganze Buch ist entweder eine monströse Fassade, hinter der Northcliffe seine eigenen Fehler verstecken will, oder die Briten halten uns für überaus verbohrt. Stuarts Idee, daß man die Psychologie des Gegners verstehen muß, hat etwas für sich. Aber für mich geht es erst einmal darum, die Psychologie unserer eigenen Rasse zu verstehen."

So hielt er es. Da es zur Zeit keinen militärisch aktiven Gegner außerhalb Deutschlands gab, konzentrierte er sich darauf, Methoden zu entwickeln, wie sich die Thesen der nationalsozialistischen Weltanschauung seinen Landsleuten in die Köpfe hämmern ließen, durch Schlagworte, Lieder und Reden.

Schlagworte in unablässiger Folge quollen aus seiner Feder: „Lebensraum!" „Blut und Boden!" „Die Juden sind Deutschlands Unglück!" „Volk ohne

Raum!" Sie alle hinterließen ihren Eindruck in der deutschen Seele. Aber zuallererst kam das berühmte „Deutschland, erwache!" Wie viele von Goebbels' Parolen war auch diese auf eines anderen Mist gewachsen, ohne dort allerdings viel Wirkung zu erzielen. Goebbels nahm sie und verbreitete sie, druckte sie auf Standarten und Spruchbänder, veröffentlichte sie in Zeitungen und Rundfunksendungen, bis sie so bekannt wurde, daß man sie zeitweise als Gruß gebrauchte, anstelle eines „Guten Morgen" etwa. Ungleich dem traditionelleren Gruß wohnte ihr eine Ahnung von Aktion und Initiative inne − „Sie dröhnte wie eine Trommel ins Bewußtsein der Massen", beschrieb es Goebbels.

Außerdem war da noch der Fall eines gewissen Horst Wessel, den Goebbels zu einer Orgie nationalen Märtyrertums aufbauschte. Horst Wessel war einer jener Enthusiasten, die sich der Partei nach dem Drama in den Pharus-Sälen angeschlossen hatten. Er war der Sohn eines evangelischen Pfarrers, groß, blond, breitschultrig und von jener Art guten Aussehens, die auf rassische Reinheit hinzuweisen scheint. In Wirklichkeit war er brutal, ohne moralische Skrupel und dumm. Er war vom Freikorps zur Partei übergewechselt und hatte von Goebbels das Kommando über einen SA-Sturm erhalten. Später wurde er als Redner geschult und hatte die Aufgabe, Mitglieder für die Hitlerjugend zu werben. Ganz klar hatte Goebbels in ihm den oberflächlich heldenhaften Typ erkannt, auf den junge Menschen hereinfallen würden. Wessel jedoch tat sich mit einer Prostituierten namens Erna Jänicke zusammen und verlor das Interesse an der Parteiarbeit, die für ihn ohnehin kaum mehr als die Gelegenheit zum Austoben seiner brutalen Instinkte bedeutet hatte, indem er auf Goebbels' politischen Versammlungen Leute verprügelte. Er entdeckte, daß er als Ernas Zuhälter leichter und bequemer leben konnte. Drei Jahre lang ernährte er sich von Ernas Einkünften. Er hatte jedoch einen bitteren Rivalen in der Person von Ernas früherem Zuhälter, Ali Höhler. Am 14. Januar 1930 kam es in Ernas Wohnung zu einem Streit zwischen Höhler und Wessel. Höhler schoß Wessel in den Mund.

Aus diesem schmutzigen kleinen Melodrama machte Goebbels unverzüglich einen Fall nationalsozialistischen Märtyrertums. Er erklärte, auf den „Helden des erwachenden Reiches" sei wegen seines Glaubens an Deutschlands Zukunft unter Hitler geschossen worden, und Höhler machte er zu „einem schmutzigen Kommunisten" (In Wirklichkeit war Höhler ebenfalls ein Nazi. Aber darauf oder überhaupt auf die Details der Affäre durfte nicht eingegangen werden; das hätte der Sache kaum gedient). Drei Wochen lang lag Wessel im Krankenhaus. Goebbels besuchte ihn täglich und fabrizierte mittlerweile im „*Angriff*" ein Heldenepos sondergleichen. Wessel starb am 23. Februar 1930. Er wurde in einem öffentlichen Begräbnis beigesetzt. Die Berliner SA nahm daran teil. Beim Aufrufen der Namen, so hatte Goebbels es angeordnet, schrien alle Sturmmänner „Hier!", als Wessels Name ausgerufen wurde. Danach wurde das Horst-Wessel-Lied gesungen, ein von Wessel selbst verfaßter Text zu einer traditionellen Melodie. Von da an war das Lied die Hymne der Nationalsozialisten.

So also, mit einem feinen Verständnis für die psychologische Struktur seiner Zuhörer, ließ Goebbels die mächtige nationalsozialistische Propagandamaschine anlaufen und machte sich mit Volldampf an die Produktion von Lügen. Von jetzt an widmete er sich ganz und gar der Verbreitung emotioneller, geistiger und intellektueller Unwahrheiten.

Ende des ersten Aktes

Mehr als jedem anderen − ja, sogar mehr als Hitler selbst − war es Goebbels zu verdanken, daß die Nazis bei den Reichstagswahlen vom September 1930 einen überraschenden Sieg errangen. „Ich werde die Zahl unserer Sitze im Reichstag von zwölf auf vierzig erhöhen", erklärte er. Er startete eine Kampagne, die in Wirklichkeit eine Ausdehnung der Nürnberger Parteitage auf das ganze Reichsgebiet bedeutete. Inzwischen hatte er 200 Parteimitglieder zu Propagandarednern ausgebildet. Die Ausbildung fand in München statt. Goebbels hatte den Kurs mit den folgenden Worten über die Aufgabe des Propagandisten eröffnet:

„Der Propagandist muß seine eigene Wahrheit konstruieren. Was immer der Förderung der Partei dient, ist die Wahrheit. Sollte sie mit der echten Wahrheit übereinstimmen, um so besser. Tut sie das nicht, müssen Anpassungen vorgenommen werden. Die große, die absolute Wahrheit ist, daß die Partei und der Führer recht haben. Sie haben immer recht."

Unter diesem Vorzeichen führte er seine Schüler einen nach dem andern durch einen Intensivkurs in öffentlicher Redekunst, der sie zwölf Stunden am Tag beschäftigt hielt. Dann sandte er sie in alle Gegenden des Reiches, damit sie auf öffentlichen Versammlungen, in Fabriken, Werften und Büros neue Parteianhänger gewönnen. Wo sie Erfolg versprach, durfte auch die Methode der Erpressung angewandt werden. Inzwischen war nämlich Heinrich Himmler mit seiner umfangreichen Sammlung von Dossiers voll privater Informationen in den Schoß der Partei zurückgekehrt. Das Ergebnis der Goebbelsschen Kampagne war ein Hinzugewinn von nicht 28, sondern 95 Reichstagssitzen. Die Partei war nun mit insgesamt 107 Sitzen im Reichstag vertreten und stellte nach Heinrich Brünings katholischem Zentrum die stärkste Fraktion.

„Der Führer", schreibt Goebbels in seinem üblichen, gefühlsseligen Stil, „schickte mir rote Rosen und umarmte mich. Er ist mein Anfang und mein Ende. Einer der strahlenden Sterne der Geschichte. Er überhäuft mich mit Dankbarkeit, und ich stürze mich von neuem in den Abgrund des Handelns."

Goebbels stürzte sich um diese Zeit jedoch nicht nur in den Abgrund des Handelns, sondern auch in die Ehe. Seine Liebesaffären seit den leidenschaftlichen Jugendromanzen mit Anka Stahlhern und Else Taub waren zahlreich, aber oberflächlich gewesen. (Eine davon bestand darin, daß er nebenbei das hübsche Dienstmädchen der Steigers verführte.) Sie befriedigten ihn nicht mehr als seine häufigen Besuche in Berliner Bordellen. Aber dann, kurz nach dem nationalsozialistischen Sieg bei der Reichstagswahl, traf er Magda Quandt.

Magda war die attraktive Tochter eines Professors der orientalischen Sprachen namens Rietschel. Sie war in einer belgischen Klosterschule ausgebildet worden und beherrschte fließend drei Sprachen außer der deutschen. Ihre Mutter hatte sich von ihrem Vater scheiden lassen, weil sie mit dem bescheidenen Leben, das ein Universitätsprofessor ihr aufgrund seiner mageren Einkünfte zu bieten vermochte, unzufrieden war. Sie heiratete daraufhin einen reichen jüdischen Geschäftsmann, Jakob Friedländer, der ihrer Leidenschaft für weltliche Güter jedoch bald überdrüssig wurde, eine Abfindung zahlte, seiner Frau eine Lebensrente aussetzte und Reißaus nahm, „bevor jeder Pfennig, den ich verdiene, in den bodenlosen Taschen dieser charmanten, aber habgierigen Frau verschwunden ist." Frau Friedländer heiratete daraufhin einen anderen reichen Geschäftsmann, Christian Behrendt, von dem sie sich ebenfalls für eine fürstliche Abfindung scheiden ließ. Magda kam also aus einem Milieu, das finanziell gesichert, aber von fragwürdiger moralischer Stabilität war.

Im Jahr 1919 begegnete sie — wahrscheinlich in einem Eisenbahnzug auf der Heimkehr von ihrer Schule — dem wohlhabenden Industriellen Günther Quandt. Er war vierzig, geschieden und hatte zwei Söhne, Herbert und Helmut. Magda war neunzehn. Den Luxus, den Quandt ihr zu bieten in der Lage war, fand sie unwiderstehlich. Sie heiratete Quandt im Januar 1921 und lebte in einer großen Villa im vornehmen Berliner Vorort Babelsberg. Im November gebar sie Günther Quandt einen Sohn, Harald, und ein paar Monate später ertappte ihr Mann sie auf frischer Tat in Herberts Bett. Es gelang ihr jedoch, ihn zu überzeugen, daß Herbert sie um Liebe gebettelt habe, „weil er wußte, daß er nicht mehr lange auf dieser Welt weilen würde." Womit offenbar nichts Unwahres gesagt war, denn er starb tatsächlich kurze Zeit später an Bauchfellentzündung. Weitaus schwieriger war es allerdings, Günther Quandt davon zu überzeugen, daß auch eine Liaison mit dem Musikstudenten Ernst Wieser nur auf menschlichem Mitgefühl beruhe. Wieser starb nämlich nicht, wie Herbert es so gefälligerweise getan hatte, sondern verfolgte Magda unerbittlich. Nach einigen melodramatischen Zwischenfällen erklärte der gehörnte Günther, er werde sich von seiner Frau scheiden lassen und ihr keinen Pfennig Unterhalt zahlen.

Darauf allerdings war Magda gut vorbereitet. Sie wußte, daß Günther sich der Steuerhinterziehung schuldig gemacht hatte, und fand die entsprechenden Unterlagen in seinem Schreibtisch. Mit diesen setzte sie ihn unter Druck. Günther Quandt blieb nichts anderes übrig, als sich in die Erpressung zu finden. Er zahlte Magda 50 000 Mark, setzte ihr ein monatliches Taschengeld von 4000 Mark aus und stellte ihr mietfrei eine Etagenwohnung am Reichskanzlerplatz zur Verfügung. Dieses höchst angenehme Arrangement wurde im Jahr 1929 getroffen, und Magda führte von da an das Dasein der reichen, geschiedenen Dame, die weiter keine Verantwortungen hatte als die gegenüber ihrem Sohn Harald, der in ihre Obhut gegeben worden war. Ihre Liebhaber wählte sie mit Diskretion und behandelte sie mit einer Geschicklichkeit, die alles Aufsehen vermied. Die Affäre mit Ernst Wieser setzte sie fort, ging jedoch gleichzeitig auch eine Reihe gesellschaftlich vorteilhafter Bindungen ein — darunter eine mit dem Neffen des amerikanischen Präsidenten, Herbert Hoover, der sich zu jener Zeit auf diplomatischer Mission in Berlin befand.

Während sie mit Dingen dieser Art nächtens beschäftigt war, ging sie tagsüber weitaus weniger aufregenden Tätigkeiten nach. So zum Beispiel leistete sie freiwillige Aushilfearbeit im Berliner Parteibüro der NSDAP. Dort kam ihr ein junger Mitarbeiter zu frech, und sie beschloß, ihre Stelle aufzugeben. Das wiederum war nicht so einfach. Die Vorschriften machten es erforderlich, daß sie ein Gespräch mit dem Gauleiter führe – wahrscheinlich zu Zwecken der Gehirnwäsche – bevor sie ihren Abschied und das Wissen um die Parteigeheimnisse mit sich nehmen konnte. Sie war lediglich mit der Kontrolle der Büromaterialien beschäftigt gewesen, und es fiel ihr leicht, Goebbels zu überzeugen, daß sie sich für Politik nicht einmal interessierte. Ebenso leicht aber fiel es ihm, ihr klarzumachen, daß er ihre Schönheit, Intelligenz und gesellschaftliche Stellung bewundere. Er schlug vor, daß sie einen weitaus wichtigeren Posten innerhalb der Parteiverwaltung übernehmen solle – „die Überwachung der Privatarchive, wo Sie sich nicht gegen unwillkommene Avancen zu wehren brauchen werden."

Seine eigenen Avancen, so scheint es, waren keineswegs unwillkommen; aber für geraume Zeit legte er sich beharrliche Zurückhaltung auf, damit sie nicht den Eindruck gewönne, er sei ein ebenso aufdringlicher Frechling wie jener junge Angestellte, der ihr unter den Rock gegriffen hatte. Seine Methode war die des Intellektuellen. „Ich wußte recht wohl, daß sie, die geschiedene Dame der besten Gesellschaft, ihre Tage in geistigem Leerlauf verbrachte und daß ihr ein intellektueller Stimulus angenehm sein würde." Der Stimulus, den er ihr servierte, war natürlich die nationalsozialistische Philosophie. Er stellte sie auserwählten Parteimitgliedern vor und ermutigte sie, sich an Diskussionen zu beteiligen. Soweit wir wissen, war sie nicht seine Geliebte. Seine Eitelkeit hätte es ihm unmöglich gemacht, eine solche Entwicklung seinem Tagebuch vorzuenthalten. Seine Methode war feiner, unterschwelliger. Er verzichtete auf Intimitäten und setzte statt dessen die intellektuelle Stimulierung fort. Immer wieder vertraute er seinem Tagebuch an: „Sie entpuppt sich als gelehrige Schülerin. So gelehrig in der Tat, daß ich mich entschlossen habe, sie Hitler vorzustellen. In seiner Gegenwart soll ihre Liebe zur Parteidoktrin leuchten."

Er hatte sich nicht verschätzt. Irgendwann im Januar 1931 arrangierte er eine Begegnung in seiner Steglitzer Wohnung. Magda zitierte wortreich aus *„Mein Kampf"*, sehr zum Wohlgefallen des Führers, der mit öligem Charme reagierte und sich mit viel Schmeichelei und Handküssen bedankte. Ebenso wie Goebbels war Hitler für weibliche Bewunderung höchst empfänglich. Alles, was über ein leichtes Neigen des Kopfes hinausging, interpretierte er als hingerissene Verehrung. Zu Goebbels sagte er, seine Eroberung Magdas beweise, daß die oberen Klassen allmählich zur Denkungsweise der Nazis übergingen. (Magda war „obere Klasse" natürlich nur nach Ausbildung und Wohlhabenheit. Ihre Herkunft war im wesentlichen mittelklässisch. Aber Hitler besaß die nur mühsam unterdrückte Tendenz des Emporkömmlings, sich in Gegenwart einer Frau, die er „aus der obersten Schublade" stammend wähnte, unterwürfig zu zeigen. Als Goebbels ihm erklärte, er dächte daran, Magda zu heiraten, bot er sich sofort als Trauzeuge an.

Magdas Familie widersetzte sich der Eheschließung mit Macht. Ihr Vater nannte Goebbels einen Nichtsnutz. Quandt warnte sie, er sei ein politischer Betrüger, und ihre Mutter bezeichnete ihn als die Karikatur eines Mannes. Magda jedoch mißachtete alle diese Ansichten sowie die flehentlichen Beschwörungen ihres Liebhabers Ernst Wieser. Sie akzeptierte Goebbels' Werbung und heiratete ihn am 12. Dezember 1931. Magda hatte sich eine kirchliche Trauung gewünscht. Goebbels schrieb deswegen an den Kardinal/Erzbischof und bat um einen besonderen Dispens in Hinblick auf Magdas Status als Geschiedene. Die Bitte wurde abgeschlagen. Die Hochzeit fand als standesamtliche Zeremonie auf einem Landgut in Mecklenburg statt, das Günther Quandt gehörte. Hitler hielt sein Versprechen und war Trauzeuge. Später schrieb Goebbels dem Kardinal einen bitteren Brief voller Beleidigungen, in dem er erklärte, er habe sein ganzes bisheriges Leben ohne den Segen der Kirche verbracht und werde auch weiterhin ohne ihn auskommen. Er erhielt keine Antwort; aber die Albertus-Magnus-Gesellschaft begann auf einmal wieder, auf die Zurückzahlung des Darlehensrestes zu drängen, das er von ihr während seiner Studienzeit erhalten hatte. Gegen die Rückzahlungen hatte sich Goebbels all die Jahre hindurch mit unerklärlicher Hartnäckigkeit gewehrt, als betrachte er es als ein Unrecht, daß die Gesellschaft gerechtfertigte Ansprüche ihm gegenüber hatte.

All diese Kleinigkeiten rückten jedoch in den Schatten der großen Kampagnen, die von nun an geführt werden mußten, sollte die Partei je die absolute Macht erlangen. 1932 war das kritischste Jahr, das die Nazis bis jetzt zu bewältigen gehabt hatten. Trotz des großen Zuwachses an Reichstagsmandaten, den Goebbels durch seine Wahlfeldzüge im Jahre 1930 erzielt hatte, war der Weg zur Macht noch immer blockiert. Die Verfassung sah nicht weniger als fünf große Wahlen während des Jahres vor. Zwei davon waren für das Amt des Präsidenten der Republik, in drei weiteren ging es um die Vertretung im Reichstag und in den Landtagen. Reichspräsident von Hindenburg war knapp 85. Man verehrte ihn wegen des Sieges von Tannenberg und wegen seiner zusammen mit Ludendorff erzielten strategischen Leistungen im Kriegsjahr 1916. Aber er war geistig und körperlich auf dem absteigenden Ast. Bei der ersten Wahl im März gelang es ihm nicht, Hitler gegenüber die absolute Stimmenmehrheit zu erringen. Hitler war von Goebbels dazu überredet worden, sich als Kandidat für das Amt des Reichspräsidenten zur Wahl zu stellen, um seine Beliebtheit beim deutschen Volk zu testen. Aber als die Wahl am 10. April wiederholt wurde, war Hitler ein Stück abgerutscht. Diesmal erhielt Hindenburg über 50 Prozent der abgegebenen Stimmen. Zwei Monate später entließ er Reichskanzler Brüning und ernannte an seiner Stelle Franz von Papen, der nun das „Kabinett der Barone" führen sollte.

Von Papens Regierung bekam den Zorn der Partei, wie er sich in Goebbels' Rhetorik ausdrückte, voll zu spüren. Den 100 000 Menschen, die sich in den Lustgarten gedrängt hatten, rief er zu: „Ich wünsche, daß das deutsche Volk zu Gericht sitzt über die vergangenen vierzehn Jahre der Schande und der Erniedrigung, der Dekadenz und des politischen Untergangs... Hat es in den vergangenen Wochen eine Veränderung gegeben? Absolut keine! Mit der Ausnahme, daß die, die jetzt an der Regierung sind, andere Gesichter haben. Die wirtschaftliche Lage ist so schlecht wie eh und je. Die neue Regierung hat noch immer kein öffentliches Arbeitsprogramm in Angriff genommen. Das Elend wächst, und die Hungrigen wissen nicht mehr, woher ihre nächste Mahlzeit kommen soll..."

Es stak wenig Originalität in diesen Worten. Sie hätten aus dem Mund eines beliebigen politischen Redners kommen können, der die Macht für seine Partei suchte. Aber Goebbels wußte, was er sagte. Hatte Hitler nicht geschrieben: „Die Aufnahmefähigkeit der Masse ist beschränkt.!" Feinheiten waren nutzlos. Je simpler die Botschaft, desto eher wurde sie von der Menge verstanden. Was in der Tat der Fall zu sein schien. Nach einer stürmischen Wahlkampagne – während der sich Goebbels' Tagebuch mit Eintragungen der folgenden Art füllte: „Wir arbeiten im Stehen, im Gehen, im Fahren und im Fliegen...Ankunft um zwei Uhr morgens, wichtige Parteifragen diskutiert bis vier Uhr, Zug nach Berlin um sechs..." – gab es in den Wahlen am 31. Juli einen weiteren Erdrutsch zugunsten der Nazis. Sie besaßen jetzt 230 Sitze im

Reichstag und waren damit fast 100 Abgeordnete stärker als ihre nächsten Rivalen, die Sozialdemokraten. Als größter Fraktion fiel ihnen das Privileg zu, den Reichstagspräsidenten zu stellen, als der Reichstag am 30. August zum ersten Mal in neuer Besetzung zusammentrat. Auf Hitlers Wunsch hin wurde Hermann Göring gewählt. Er selbst hatte den Blick auf ein höheres Ziel gerichtet. Er wollte Kanzler der Republik sein, vielleicht sogar Präsident. „Ohne die höchste Macht", schrieb Goebbels, „kann der Führer die Lage nicht meistern. Der inkompetente von Papen hat ihm schlauerweise die Vizekanzlerschaft angetragen. Natürlich hat er voller Verachtung abgelehnt. Soll der Retter Deutschlands neben einem hinter der Zeit zurückgebliebenen Narren die zweite Geige spielen?"

Von Papen war in der Tat ein Mann von geringer Intelligenz, jedoch bedeutender Schläue. Er hatte den Sturz der Regierung Brüning organisiert und plante, Nazis in sein Kabinett aufzunehmen, wovon er sich persönlichen Vorteil versprach. Eine Zeitlang hoffte Hitler, es werde ihm gelingen, die Oberhand zu gewinnen. Aber er sollte eine Enttäuschung erleben. Am 13. August 1932 wurde er zum Reichspräsidenten von Hindenburg bestellt. Der Empfang war eisig. Der Reichspräsident erklärte ihm mit ruhiger Stimme, er denke absolut nicht daran, das Amt des Reichskanzlers einem Mann zu übertragen, dessen Partei durch Gewaltanwendung und Intrigantentum bekannt geworden sei. Von Hindenburg hatte für von Papen nicht viel Hochachtung übrig; aber er machte es durchaus klar, daß er für Hitler noch viel weniger empfinde und daß es in seinen Augen „ein schlimmer Tag für das deutsche Volk" wäre, wenn er Hitler die gesamte Macht in die Hände legte.

Hitler zog sich wütend zurück. Man hatte ihm während des Gesprächs noch nicht einmal einen Stuhl angeboten. Schlimmer noch: als er anfing, seine Forderungen mit immer lauterer Stimme vorzutragen, hatte ihm der Reichspräsident mit kühler Würde kurzerhand das Wort abgeschnitten. Er reiste sofort zu seiner Klause am Obersalzberg, um dort zu brüten und Ränke zu schmieden. Goebbels verbrachte währenddessen einen einwöchigen Urlaub an der Ostsee.

In den nachfolgenden Intrigenspielen zwischen den Führern der Zentrumspartei, den Bankiers und Industriellen, Reichswehrminister General von Schleicher, von Papen und Hitler selbst hatte Goebbels nur eine untergeordnete Rolle. Er war nicht von Natur aus ein Verschwörer im machiavellistischen Sinne. Seine Aufgabe — und eine gewaltige war es in der Tat — war es, in einer Zeit, als die Arbeitslosen noch Millionen zählten und das Gespenst des Hungers sie jagte, das deutsche Volk davon zu überzeugen, daß die Nationalsozialisten die magische Macht hätten, dies alles zu ändern. Von der SA angestiftete Unruhen und von der SS geplante und durchgeführte Morde hatten der Partei viel Publizität eingebracht. Aber es gab Anzeichen, daß die endlosen Reden und die giftige Propaganda gegenüber der gesamten politischen Szene allmählich an Wirkung verloren. Im November gab es wiederum eine Wahl, nachdem von Papens Regierung infolge seiner eigenen Unbeliebtheit eine vernichtende Niederlage hatte hinnehmen müssen. Goebbels' Befürchtung wurde Wahrheit: Die Nazis verloren 2 Millionen Wählerstimmen, gleichbedeutend mit einem Verlust von 34 Sitzen im Reichstag. Schlimmer noch: die Kommunisten waren auf dem Vormarsch! Sie hatten 6 Millionen Stimmen erhalten.

Unverzüglich konzentrierte Goebbels seine gesamte Energie auf die Aufgabe, der kommunistischen Drohung zu begegnen. Die wohlhabenden Industriellen unter den Parteianhängern − dazu gehörten u.a. die IG-Farben-Bosse und Thyssen, während Krupp zwar noch schwankte, aber das Hakenkreuz immerhin schon für erträglich hielt, so daß man mit seinem Einschwenken in Kürze rechnen konnte − waren diejenigen, die bei einer bolschewistischen Machtübernahme am meisten zu verlieren hatten, Goebbels ließ keinen Tag verstreichen, ohne ihnen immer wieder aufs neue klarzumachen, daß sie sich rasch zwischen dem Untergang des kapitalistischen Wirtschaftssystems unter kommunistischer Regierung und der Hoffnung auf Wiederbelebung der deutschen Industrie unter Hitler zu entscheiden hätten. Es war eine schwere Wahl. Gustav Krupp von Bohlen und Halbach, Chef des riesigen Industrieunternehmens, empfand keine Zuneigung für Hitler und war einer der Barone, die von Papen und von Schleicher unterstützten. Aber unter Goebbels' unablässiger Propaganda und Hitlers ständigem Manövrieren begann er schließlich zu wanken und überredete Hindenburg, daß Papen gehen müsse. Aber weder er noch die ihm befreundeten Industriebarone konnten Hindenburg dazu bringen, Hitler das

Amt des Reichskanzlers anzuvertrauen. Der Reichspräsident rief statt dessen Schleicher zu sich und ernannte ihn am 2. Dezember 1932 zum Reichskanzler, damit der „aufgeblasene österreichische Gefreite" draußen bleibe.

„Als sich das von Kampf und Hader heimgesuchte Jahr 1932 seinem Ende näherte", schreibt William L. Shirer, „war Berlin voll von Kabalen und von Kabalen innerhalb der Kabalen. Neben der Papenschen und der Schleicherschen gab es eine weitere im Reichspräsidentenpalais, wo Oskar von Hindenburg und Staatssekretär Dr. Meißner hinter dem Thron agierten. Ferner gab es eine im Hotel ‚Kaiserhof‘, wo Hitler und seine Leute Ränke schmiedeten, nicht nur um die Macht, sondern auch unter- und gegeneinander. Bald gab es ein derartiges Gewirr von Intrigen, daß sich um Neujahr 1933 keiner der Ränkeschmiede sicher war, wer wen hinterging."

Die Machenschaften der Verschwörer — besonders die seines Sohnes Oskar — bewogen den Reichspräsidenten, Schleicher am 28. Januar 1933 zu entlassen. Bitter äußerte sich Schleicher dazu später: „Ich war siebenundfünfzig Tage an der Macht, und an jedem Tag wurde ich siebenundfünfzigmal verraten." Zwei Tage später ernannte Hindenburg, endgültig im Netz der Intrige gefangen, den Mann zum Kanzler des Deutschen Reiches, den er bisher verachtet hatte. Adolf Hitler war endlich im Besitz wahrer Macht.

Knapp drei Wochen später lud Göring in seiner Funktion als Reichstagspräsident die führenden deutschen Industriellen zu einer Konferenz ein, auf der

Hitler seine politische Strategie erläutern würde. Es waren dieselben Industriellen, die jahrelang die Partei finanziell unterstützt, ihr die Unterstützung in jüngster Zeit jedoch allmählich entzogen hatten, als sie begriffen, daß das, was Hitler vorschwebte, eine rechtsradikale Diktatur war. William Manchester beschreibt die Konferenzszene in seinem Buch „*The Arms of Krupp*":

„Die Sessel der Gäste waren sorgfältig arrangiert. Krupp, als Präsident des Reichsverbandes der deutschen Industrie, saß der kleinen, flachen Rednertribüne am nächsten. Hinter ihm saßen vier Direktoren von IG Farben und Albert Vögler, Chef der mächtigen Vereinigten Deutschen Stahlwerke. Göring sprach als erster und stellte jenen, die ihn zum erstenmal von Angesicht zu Angesicht sahen, seinen Führer vor. Der Reichskanzler erhob sich. ‚Wir stehen im Begriff, die letzte Wahl abzuhalten', begann er und machte alsbald eine Pause, um den Zuhörern Zeit zum Begreifen zu geben. Natürlich würde der Übergang zum Nationalsozialismus sich reibungsloser vollziehen lassen, wenn die Partei einen hohen Wahlsieg errang. Dafür bat er um ihre Unterstützung. Indem sie der Diktatur Hilfe leisteten, halfen sie sich selbst. ‚Private Unternehmen können in einer Demokratie nicht bestehen.' Um alle Zweifel an der Bedeutung seiner Worte zu zerstreuen, fügte er hinzu, einer der üblen Auswüchse der Demokratie sei das Gewerkschaftswesen. Das Reich werde, wenn man es solchen Institutionen überlasse, ‚unweigerlich zusammenbrechen.' Die vornehmste Aufgabe einer Führung sei es, Ideale zu finden, die das deutsche Volk zusammenschweißten. Er habe diese Ideale im Nationalismus und in der Stärke von ‚Autorität und Persönlichkeit' gefunden. Er versicherte seinen Zuhörern, er werde nicht nur die kommunistische Bedrohung beseitigen; er werde auch die Wehrmacht in ihrem alten Ruhm wieder erstehen lassen."

Offenbar erweckte Hitler dank seines neuerworbenen Prestiges als Reichskanzler den Eindruck, er würde als außergewöhnliche Persönlichkeit in der Lage sein, die entscheidende Wendung herbeizuführen. Krupp offerierte als erster eine Million Mark für die Parteikasse. Zwei weitere Millionen wurden von den übrigen anwesenden Industriellen zugesagt. Goebbels war voller Freude. Erst vor drei Monaten hatte er zugeben müssen, daß die Partei bankrott war. „Wir haben kein Geld mehr – nicht einmal, um die Löhne der Parteiarbeiter oder die Rechnungen der Druckereien zu bezahlen. Die finanzielle Situation des Gaues Berlin ist hoffnungslos. Es gibt nichts außer Schulden und Zahlungsverpflichtungen." Aber jetzt, da Hitler zum Regierungschef gemacht worden war, „zum großen Teil dank meiner Entschlossenheit, die Botschaft der Partei tief in die Herzen der deutschen Wähler zu schreiben", war die Finanzlage gerettet.

Er hatte allen Grund, sich selbst zu beglückwünschen. Seine Propagandamaschine hatte ihren Wert unter Beweis gestellt. Dafür gab es häusliche Sorgen. Im September hatte Magda ihr erstes Kind zur Welt gebracht, ein Mädchen, das Helga genannt wurde. Kindbettfieber hatte eingesetzt, und mehr als drei Monate lang war Magda ernsthaft krank. Zweimal war sie dem Tode nahe, während Goebbels sich Hunderte von Kilometern weit weg auf dem Wahlfeldzug befand (Hitler selbst saß bei beiden Gelegenheiten an ihrem Bett; aber er sorgte dafür, daß kein Wort über die Bedrohlichkeit ihres Zustands an die Ohren ihres Mannes gelangte, weil dieser sich sonst womöglich von seiner Pflicht der Partei gegenüber hätte ablenken lassen). Erst in der zweiten Januarwoche 1933 war sie außer Gefahr, und ihre Rückkehr aus dem Krankenhaus fiel mit Hitlers Ernennung zum Reichskanzler zusammen.

„Magdas freudvolle Heimkehr", schreibt Goebbels, „wurde mit dem Triumphmarsch der Massen gefeiert – Hunderttausende, die an der Reichskanzlei vorbeimarschieren und den Führer mit dem Horst-Wessel-Lied grüßen. Stunde um Stunde hören wir nichts als die mitreißenden Verse:

,Die Fahne hoch, die Reihen fest geschlossen;
SA marschiert mit ruhig festem Schritt...'

Mein Herz ist voller Freude nach den langen Monaten der Ungewißheit und des Zweifels. Der Vorhang senkt sich über eine Szene des Ruhms. Wenn er sich wieder hebt, werden wir das neue Reich sehen. Heil Hitler!"

Der zweite Akt

Trotz Goebbels' Optimismus lag es auf der Hand, daß Hitlers Position noch immer nicht sicher war. Die Ereignisse des Jahres 1932 hatten bewiesen, daß Reichskanzlerköpfe locker saßen und ebenso leicht rollten wie manche andere. Die Partei brauchte zumindest eine Zweidrittelmehrheit im neuen Reichstag, um die Diktatur des Führers legalisieren zu können und um zu verhindern, daß er ebenso hilflos abserviert wurde wie vor ihm Brüning, Papen und Schleicher. Die Fraktion der Kommunisten war viel zu stark, als daß man eine Zweidrittelmehrheit innerhalb der Reichweite der Nationalsozialisten hätte sehen können. Irgendein dramatisches Ereignis wurde gebraucht, das die Lage von Grund auf änderte. Hitler hatte den Industriellen gegenüber am 20. Februar orakelt, die kommende Wahl werde die letzte sein. Es würde für ihn keine weitere Möglichkeit geben, die absolute Macht „zum Vorteil der deutschen Industrie" zu erlangen. Die Wahl war auf den 5. März festgesetzt. „Bis dahin", stellte Goebbels fest, „müssen die Kommunisten im Staub liegen."

Das dramatische Ereignis, das für die Beseitigung der kommunistischen Gefahr so unbedingt erforderlich war, sollte von Goebbels im brillantesten Propagandastreich seiner Karriere vom eigentlich zufälligen

Ereignis zum nationalen Drama emporgespielt werden.

Am Abend des 27. Februar verschaffte sich ein junger Holländer gewaltsam Zutritt in das leere und nur unzureichend bewachte Reichstagsgebäude. Der Name des Eindringlings war Marinus van der Lubbe. Er hatte es sich zur Aufgabe gemacht, Deutschland von der drohenden Gefahr einer rechtsradikalen Diktatur zu befreien. Er war nicht wirklich ein Kommunist. Dem Charakter nach war er viel zu anarchistisch eingestellt, als daß er sich einem derart disziplinierten und monolithischen Reglement hätte unterwerfen können. Aber seine Neigungen lagen ganz eindeutig auf der linken Seite des politischen Spektrums. Er hatte bereits einen entschlossenen Versuch unternommen, das Berliner Schloß in Brand zu setzen. Mißlungen war ihm dies nur, weil sich das Gebäude als feuerfest erwies – wenigstens den primitiven Methoden gegenüber, mit denen van der Lubbe ihm zu Leibe zu rücken versuchte. Der Reichstag ließ sich wesentlich leichter in Brand setzen. Er hatte sich mit Benzin und Paraffinstäben ausgestattet und verteilte beides über eine große Fläche des Gebäudeinneren. Das Feuer erfaßte Möbel, Holzwerk und Dekorationen und breitete mit großer Schnelligkeit sich so rasch aus, daß Marinus sich in aller Eile zurückziehen mußte. So schnell wuchs jedoch der Brand, und so schlecht hatte er seinen Fluchtweg recherchiert, daß ihn Verwirrung ergriff. Er verirrte sich und rannte geradewegs in die Arme zweier Nachtwächter, die sich endlich ihrer Pflicht erinnert hatten. Er ergab sich ohne Widerstand und wurde sofort der

Polizei ausgeliefert. Die Nachricht von der Untat und von der Verhaftung des Brandstifters erreichte die Führungsspitzen der Partei in Windeseile. Goebbels war wohl der erste, der erkannte, daß sich hier die langersehnte Möglichkeit bot, die Mittel des Staates zur Unterdrückung der antinationalsozialistischen Linken einzusetzen. Aus diesem unglaublichen Vorgang würde er sich das Material beschaffen, das die verunsicherten Gemäßigten alarmieren und sie dazu bewegen würde, entschieden auf die Linie Hitlers und der Partei einzuschwenken. Die Geschichte der nachfolgenden Ereignisse ist in seinem Tagebuch festgehalten.

Am Abend des 27. Februar, einem Montag, lud Goebbels Hitler zum Abendessen mit ihm und Magda ein. Die Einladung war für 21 Uhr angesetzt. Nach dem Essen schloß Heinrich Hoffmann, Hitlers offizieller Photograph, sich ihnen an. Goebbels' Tagebucheintragung – die Worte sorgfältig für die Nachwelt gewählt wie von einem, der sagen will: „Die Kamera lügt nicht." – liest sich wie folgt: „Es gab ein wenig Musik. Wir unterhielten uns. Plötzlich läutete das Telephon. Putzi Hanfstängl war am Apparat (Hanfstängl war mit Hitler eng befreundet; seine Familie hatte die Partei während ihrer frühen Tage mitfinanziert). ‚Der Reichstag brennt', sagte er. Ich hielt das für einen seiner dummen Witze und weigerte mich, die Nachricht an den Führer weiterzugeben. Spätere Anrufe bestätigen jedoch, daß Putzi die Wahrheit gesagt hat. Das mächtige Gebäude steht in Brand. Flammen schießen aus der Kuppel des Reichstags. Brandstiftung! Ich erstattete dem Führer sofort Bericht. Wie wild rasten wir die Charlottenburger Straße hinab. Das ganze Gebäude war in Flammen gehüllt. Wir klettern über das Gewirr der Feuerwehrschläuche und erreichen schließlich den Vorraum am Eingang Nr. 2. Göring trifft uns unterwegs, und bald erscheint auch Papen. Der Brand ist geschickt gelegt. Man hat einen halbnackten Verrückten im Innern des Gebäudes festgenommen. Es gibt keinen Zweifel: Der Kommunismus hat einen letzten Versuch unternommen, durch Feuer und Terror Unruhe zu stiften, um in der allgemeinen Panik die Macht an sich reißen.

Jetzt müssen wir handeln.

Göring verbietet sofort die gesamte kommunistische und sozialdemokratische Presse. Funktionäre der kommunistischen Partei werden verhaftet. Die SA wird alarmiert und ermahnt, sich auf das Schlimmste gefaßt zu machen.

Die Kommunisten haben einen schwerwiegenden Fehler begangen. Sie haben unseren Sturz bewirken wollen. Statt dessen haben sie sich selbst einen tödlichen Schlag versetzt."

Am folgenden Tag konnte Hitler Hindenburg ohne Mühe dazu überreden, eine Notverordnung zu unterzeichnen. Sie wurde als „Verteidigungsmaßnahme gegen den Staat gefährdende kommunistische Gewaltakte" deklariert. Die Verordnung war in Wirklichkeit der legalisierte Beginn des nationalsozialistischen Polizeistaates. Sie erlaubte Einschränkungen der persönlichen Freiheit, des Rechtes der freien Meinungsbildung und Äußerung einschließlich der Pressefreiheit und des Rechtes der Versammlung. Sie gestattete auch Verletzungen des Brief-, Telegramm- und Telephongeheimnisses und schloß mit den schweren Worten: „Durchsuchungsbefehle für Häuser und Befehle für die Beschlagnahme von Eigentum sind ebenso zulässig über die vom Gesetz vorgeschriebenen Grenzen hinaus." Anscheinend im Nachhinein wurde noch ein Absatz hinzugefügt, der die Verhängung der Todesstrafe durch Schnellgerichte „gegen jede bewaffnete Person, die der Störung des Landfriedens für schuldig befunden wird", autorisierte.

Diese Verordnung setzte Hitler in die Lage, nahezu jedermann, der im Widerspruch zu ihm stand, festzunehmen, einzusperren oder hinzurichten. Und genau das tat er, wie Goebbels in seinem Tagebuch vermerkt: „Verhaftungen auf Verhaftungen. Jetzt wird die rote Pest bis zur Wurzel hinab ausgerottet. Nirgendwo ein Anzeichen des Widerstandes. Der Gegner scheint von unserem machtvollen Zuschlagen so überwältigt zu sein, daß er nicht mehr zu widerstehen wagt." Da unter „machtvollem Zuschlagen" sofortige Razzien gegen Tausende von Wohnungen, Häusern, Büros und Fabriken zu verstehen waren, durchgeführt von Tausenden von SA-Männern, die brutal jeden festnahmen und zusammenschlugen, dem man das Etikett „Gegner des Führers und des ruhmhaften Deutschen Reiches" anheften konnte, nimmt es niemand wunder, daß Goebbels nirgendwo Anzeichen des Widerstandes sah. Es konnte auch kaum Gegenwehr von seiten der Kommunikationsmedien geben, da sämtliche Zeitungen der Kommunisten sowie sonstiger Oppositioneller verboten worden waren. In einer Lage, die das Privileg des Handelns allein für die Nazis und ihre Anhänger reservierte, war es ein wenig ironisch, über die Abwesenheit von Widerstand zu sprechen.

Zu diesem Zeitpunkt, fünf Tage vor den Wahlen am 5. März, schrieb Goebbels: „Ich werde mir von jetzt an die ungeheure Reichweite des Radios zunutze machen. Ich werde zahlreiche Mitarbeiter, besonders die weniger tüchtigen unter ihnen, entlassen müssen. Die Organisation bedarf einer Straffung, hauptsächlich auf der Ebene des Managements." Interessant ist an dieser Eintragung besonders die genaue Erwähnung des Tages, des 1. März 1933, an dem Goebbels die Kontrolle über das Medium übernahm, das hinfort das bei weitem wirksamste Instrument seiner Propaganda sein würde. Vom 1. März 1933 an brachte der Rundfunk die faszinierende Persönlichkeit des Führers in die Wohnungen und an die Arbeitsstätten von 40 Millionen beeindruckbaren Untertanen des Deutschen Reiches, Goebbels' nahezu geniales Geschick im Umgang mit dem neuen Medium wurde sofort offenbar.

„Der Führer spricht mit Begeisterung und Hingabe", versicherte Goebbels dem Volk. „Als er am Ende der Rede erwähnte, der Reichspräsident und er hätten einander die Hände geschüttelt — der eine ein Feldmarschall, der einst Preußen vom russischen Feind säuberte, der andere ein einfacher Soldat, der seine Pflicht an der Westfront tat — da vereinen sich die Klänge der Dankeshymne mit dem mächtigen Geläute des Königsberger Domes zu einer phantastischen Har-

Reichspropagandaminister Goebbels bei einer
Kundgebung des Deutschen Buchhandels in Leipzig
am 10. 5. 1936

Hitler, Goebbels und Heß 1934 im Berliner Sportpalast

Ritterkreuz-Träger der Waffen-SS am 1. 4. 1943
im Reichspropagandaministerium.
Links außen General der Waffen-SS Hans Jüttner

Goebbels begrüßt Verwundete als Ehrengäste
einer Kundgebung vor der Münchener Feldherrnhalle
(Oktober 1942)

Der Berliner Gauleiter Dr. Goebbels während des
Reichstagswahlkampfes im Herbst 1932 auf dem Weg
in den Reichstag

monie, die seine Rede krönt. Ganz Deutschland steht jetzt auf den Plätzen und Straßen, sitzt in Gasthäusern oder zu Hause und lauscht dem erhabenen Chor, der über die Ätherwellen hinaus in die Lande dringt. Den Lauschenden wird bewußt, daß eine neue Ära angebrochen ist. In diesem Augenblick entscheiden sich Hunderttausende, Hitler zu folgen und in seinem Geist für das Wiedererwachen der Nation zu kämpfen."

Mit ungewöhnlicher Auffassungsgabe hatte Goebbels nicht nur das Wesen des Kommunikationsmittels Rundfunk, sondern auch einen Großteil der damit verbundenen Technik begriffen, mit der sich bewerkstelligen ließ, daß einer Radiosendung die nötige Dramatik innewohnte. Während eines zweistündigen Besuches in einem Senderstudio verstand er rasch, wie Verstärker und andere Geräte zum Mischen und Modulieren verschiedener Geräusche verwendet werden konnten. Er sah, wie mit Hilfe interpolierter Aufnahmen Reportagen hergestellt werden konnten, die Lüge in Wahrheit verwandelten. Und er begriff, wie man das Timbre der Stimme eines Sprechers variieren und die Art seines Vortrages manipulieren konnte. Die Methoden, die er so rasch erlernte, wandte er auf den Redner Hitler an, so daß das, was die Deutschen an ihren Empfängern zu hören bekamen, bald nicht mehr der Führer, sondern vielmehr eine künstlich fabrizierte Radiopersönlichkeit war.

Die Wahlresultate des 5. März waren im Grunde genommen enttäuschend. Die Nazis und die mit ihnen verbündeten Parteien gewannen nur 51 % der abgegebenen Stimmen. Aber Goebbels verfaßte seine eigene Version der Wahrheit:

„Am Abend höre ich die ‚Walküre' in der Staatsoper. Wagners himmlische Musik mischt sich mit dem Marschtritt des Stahlhelms, der heute seinen großen Tag in Berlin gefeiert hat und jetzt an der Oper vorbeizieht.

Die ersten Wahlergebnisse kommen herein. Ein Sieg nach dem andern, phantastisch, unglaublich.

Als wir nach der Vorstellung in die Reichskanzlei zurückkehren, gehört der Wahlsieg bereits uns. Er ist weitaus größer, als wir zu hoffen gewagt hatten. Aber was haben Zahlen jetzt noch zu bedeuten? Wir sind die Herren des Reiches und Preußens. Alle anderen Parteien sind eindeutig geschlagen."

Der Wahlsieg war weitaus größer, als die Nazis zu hoffen gewagt hatten, weil im Zuge der Notverordnung sämtliche gewählten kommunistischen Abgeordneten unter der Begründung, die Hintermänner der Reichstagsbrandstiftung seien ganz eindeutig Staatsfeinde, verhaftet worden waren. Sie seien nicht geeignet, diejenigen zu vertreten, die sich dazu hatten verleiten lassen, ihnen ihre Wahlstimme zu geben – ganz zu schweigen von „der großen Mehrheit des deutschen Volkes, die ihren Glauben einzig und allein in die nationalsozialistische Idee setzt." Eine „große Mehrheit", vor Tagen noch illusorisch, war Wirklichkeit geworden, weil man es fertiggebracht hatte, den stärksten Gegner auszuschalten. Um den Anschein der Demokratie zu wahren, wurden die kleineren Parteien wie z.B. die Deutsch-Nationale Volkspartei (unter der Führung von Papens und des Verlegers Alfred Hugenberg) sowie jene unter den sozialdemokratischen Abgeordneten, die sich der Verhaftung als kommunistische Sympathisanten hatten entziehen können, vorläufig noch in Ruhe gelassen. Aber die Ruhe währte nur wenige Tage. Am 23. März gelang es Hitler ohne Mühe, den Reichstag zur Annahme eines „Gesetzes zur Behebung der Not von Volk und Reich" zu bewegen. Nur die Sozialdemokraten mit ihren 84 Sitzen stimmten dagegen. Die Nazis, unterstützt von einstmals oppositionellen kleineren Parteien, deren Gewissen durch Kruppsche Schmiergelder dahingehend beruhigt worden war, daß „der eingeschlagene Kurs der beste für die deutsche Industrie und damit für die deutsche Wirtschaft" sei, gewannen die Entscheidung mit einer Mehrheit von 357 Stimmen.

Es gab tosenden Applaus. Die Kroll-Oper, in der die Reichstagssitzung abgehalten worden war, dröhnte von den Begeisterungsschreien und Hochrufen nationalsozialistischen Triumphs. Mit diesem einfachen, fünf Paragraphen umfassenden Gesetz „zur Behebung der Not von Volk und Reich" (bezeichnenderweise „Ermächtigungsgesetz" genannt) hatten die Nazis dem deutschen Parlament die Macht aus den Händen genommen und ein totalitäres Regime etabliert. Sie besaßen somit die absolute Kontrolle über die Gesetzgebung einschließlich der Formulierung des Reichsetats, des Abschlusses von Verträgen mit fremden Mächten und der Einbringung von Verfassungsänderungen, ohne sich um den Reichstag kümmern zu müssen. Die gesamte Struktur des Staates – gesetzlich, wirtschaftlich und innenpolitisch – befand sich damit unter der Kontrolle des Hitlerschen Kabinetts und damit Hitlers selbst. William Shirer schreibt:

„Damit war in Deutschland die parlamentarische Demokratie endlich begraben. Abgesehen von der Verhaftung der kommunistischen und einiger sozialdemokratischen Abgeordneten war alles ganz legal vor sich gegangen, wenn auch mit terroristischer Begleitmusik. Das Parlament hatte seine verfassungsmäßigen Befugnisse an Hitler übertragen und damit Selbstmord verübt. Allerdings wurde seine einbalsamierte Leiche bis zum Ende des Dritten Reiches aufgebahrt, und die Mumie diente zuweilen als Resonanzboden für Hitlers donnernde Reden. Die Abgeordneten wurden fortan von der NSDAP ausgewählt, denn wirkliche Wahlen gab es nicht mehr. Die alleinige legale Basis für Hitlers Diktatur bildete das Ermächtigungsgesetz. Vom 23. März 1933 an war er unumschränkter Herrscher über das Reich. Allerdings blieb noch mancherlei zu tun übrig, um die ganze Nation und alle ihre Einrichtungen völlig zur Strecke zu bringen, obwohl auch dies, wie wir sehen werden, in atemloser Schnelligkeit und mit Roheit, List und Brutalität geschah."

Goebbels' Plan, die Kommunisten in den Staub zu schmettern — und, in logischer Folge der Entwicklung, die deutsche Nation selbst am 7. Mai 1945 den Alliierten auszuliefern — war ein brillanter Erfolg. Die Wahrheit, wie sie von dem Propagandisten fabriziert worden war, hatte den Sieg des Tages davongetragen.

Genau zehn Tage zuvor war ihm bereits der Lohn zuteil geworden. Hitler hatte ein neues Reichsministerium für Volksaufklärung und Propaganda geschaffen. Am 13. März unterschrieb Hindenburg die Urkunde, die Dr. Joseph Goebbels zu seinem Leiter ernannte. Als er an diesem Abend nach Hause kam, wurde er von Magda als „Herr Reichsminister" begrüßt. „Wir tranken Champagner, um die Zukunft zu feiern. Ich werde ein wenig nervös, wenn ich daran denke, daß ich erst fünfunddreißig Jahre alt bin und jetzt schon eine so schwere Verantwortung auf meinen Schultern ruht... Aber mag das große Werk voranschreiten! Und möge ich niemals vergessen, dem Führer dankbar zu sein für das große Vertrauen, das er in mich setzt."

Crescendo

Während der sechs Jahre, die zwischen der Machtergreifung durch die Nazis und dem Beginn des Krieges verstrichen, entwickelte Goebbels die Methoden, mit denen er seinen Führer auf jenem Gipfel des Ruhmes hielt, zu dem die Tricks seiner Propaganda ihn emporgehoben hatten.

„Das Genie des Nationalsozialismus war Propaganda", sagt Joachim C. Fest in „Das Gesicht des Dritten Reiches" (München 1963). „Ihr verdankte er nicht nur seine bedeutendsten Triumphe, sie war auch sein einziger originärer Beitrag zu den Bedingungen seines Aufstiegs und stets mehr als bloßes Machtinstrument: Propaganda war ein Teil seines Wesens. Was Nationalsozialismus bedeutete, wird aus dem widersprüchlichen und verschwommenen Konglomerat seiner Weltanschauung weithin weniger greifbar als aus der Art ihrer propagandistischen Inszenierung. Zugespitzt ließe sich formulieren, daß der Nationalsozialismus Propaganda war, die sich als Ideologie ausgab."

Auf der positiven Seite verließ sich das Bühnenmanagement der Kanonisierung des Führers allein auf die Mechanismen emotioneller Verführung und quasi-hypnotischer Stimulierung. Zu den Komponenten der Manipulationsmaschine gehörten Schlagwörter und

Kampfrufe (Deutschland erwache! Sieg Heil!) in end-loser Wiederholung, Fanfarenstöße, Fahnen, Schein-werfer, Massenaufgebote von Menschen und die Zur-schaustellung physischer Macht, Einheitlichkeit des Zwecks, ausgedrückt durch im Gleichschritt marschie-rende Kolonnen mit glitzernden Waffen, und die Schaffung aller Nuancen der Ekstase, unter deren Ein-fluß die Worte des Führers als absolute Wahrheiten absorbiert wurden.

Es gibt jedoch auch eine andere Seite, die man be-trachten muß: die Gegenreaktion, ob potentiell oder wirklich, derjenigen, die weiterhin, insgeheim oder of-fen, der Idee von der Freiheit des Gedankens und des Ausdrucks anhingen. Es war ziemlich einfach, ein Thingspiel zu veranstalten und 45 000 Hitlerjungen in ein nationales Amphitheater marschieren zu lassen. Es war wesentlich schwieriger, die Verbreitung antinatio-nalsozialistischer Propaganda, zumeist getarnt als Un-terhaltung, Literatur oder Kunst, zu unterbinden. Nehmen wir ein Beispiel. Ein Kabarettist namens Wer-ner Finck trat in einem Berliner Nachtclub auf. Er führte einen Sketch vor, in dem ihm sein Schneider ei-nen Anzug anmaß. Der Dialog erwähnte fiktive Maße: „Neunzehn — dreiunddreißig — Rechte aufgehoben." Die Frage wurde gestellt: „Wie möchten Sie Ihre Taschen? Worauf Finck antwortete: „Weit offen, nach der jetzigen Mode." Dafür schickte man ihn ins Konzentrationslager. Beweismittel gegen solche Un-verbesserlichen wurden von Schnüfflern gesammelt, von denen Himmler Tausende beschäftigte, oder durch Polizeirazzien beschafft.

Literatur im weitesten Sinne war wesentlich leichter zu kontrollieren, weil ihre Verstöße sozusagen auf der Hand lagen. Wer hat nicht von den feierlichen Bücherverbrennungen „wider den undeutschen Geist" im Mai 1933 gehört, bei denen Millionen „verderblicher" Bücher in den Innenhöfen der Universitäten zu den frommen Begleitreden solcher Akademiker, die noch nicht wegen rassischer Mängel oder liberalen Bekenntnissen abserviert und in die Konzentrationslager geschickt worden waren, zerstört wurden? Den Zeitungen erging es ähnlich. Die Entlassung eines Herausgebers mit liberalen Neigungen wurde als Entdeckung und Beseitigung eines Reichsverräters mit Triumph gefeiert. „Ein Verbot nach dem andern", schrieb Goebbels, „markiert den Weg der Revolution... All die jüdischen Blätter, die uns soviel Ärger verursachten, sind auf einmal von den Straßen Berlins verschwunden. Es ist ein Trost und ein Segen. Göring räumt den Augiasstall aus."

Während Göring sich dieser Aufgabe widmete, ließ Goebbels die Ideen des Nationalsozialismus allmählich in die Wohnungen und ins Bewußtsein jener Millionen verbreiten, die sonst womöglich gleichgültig oder gar kritisch geblieben wären. 1933 gab es sie nämlich noch („Wenn Hitler überall beliebt wäre, brauchten sie Goebbels nicht; und wenn Goebbels mit seiner Propaganda vollen Erfolg hätte, wäre Himmler arbeitslos", schrieb der Berliner Korrespondent der „New York Times" mit bitterer Schärfe), Goebbels trieb die Zauderer zusammen und überzeugte sie. Dazu bediente er sich seiner neuesten und wirksamsten Propagandamaschine: des Radios.

Nachdem er die Reichspostbehörde beauftragt hatte, Zahl und Leistung der Sender, die von der unter der Kontrolle der Post stehenden Reichsrundfunkgesellschaft betrieben wurden, zu erhöhen, machte er sich daran, für eine ausreichende Zahl von Radioempfängern zum Empfang der Sendungen zu sorgen. Er erließ einen Ministerialbefehl unmittelbar an die Hersteller von Radiogeräten. Ihnen wurde zur Aufgabe gemacht, einen *Volksempfänger* zu entwickeln, der so billig war, daß niemand sich vernünftigerweise weigern konnte, ihn zu kaufen, zumal es die Möglichkeit des Leihkaufs gab, wobei die monatlichen Zahlungen nicht mehr als ein paar Pfennige ausmachten. Auf diese Weise erhöhte er die Zahl derer, die zu Hause Radio hörten, auf 24 Millionen − 4 Hörer pro Haushalt angenommen. Diese Zahl wurde Ende 1933 erreicht. Aber es gab 23 Millionen Haushalte. Selbst der unermüdliche Goebbels schaffte es nicht, sie alle rasch genug mit Empfängern zu versorgen, so daß ihnen keine der unsterblichen Worte des Führers und anderer Parteibonzen entging. Das war die Geburtsstunde des von oben herab befohlenen Gemeinschaftshörens.

„Das gemeinschaftliche Anhören wichtiger Radiosendungen entwickelte sich zum charakteristischen Bestandteil des Alltagslebens in Nazi-Deutschland. Viele Sendungen wurden während der Arbeitszeit übertragen. Fabriken und Büros waren angewiesen, die Arbeit während der Sendung ruhen zu lassen. Auf diese Weise erreichte das Radio jeden einzelnen Beschäftigten. Alle Gaststätten und Cafés mußten mit Empfängern ausgestattet sein. In den Straßen wurden Lautsprechersäulen errichtet. ... Auf diese Weise erzielte das Dritte Reich eine größere Hörerdichte als irgendein anderes Land der Welt. Die menschlichen Glieder in diesem dicht gewobenen Netz waren nationalsozialistische Rundfunkwarte, deren Aufgabe es war, die in dem ihnen zugewiesenen Häuserblock wohnenden Menschen zum Anhören von der Partei empfohlener Programme zu bewegen, die Hörer ausländischer Sendungen auszuschnüffeln und Berichte über die Reaktion der Hörer, über ihre Ansichten und Wünsche an eine zentrale Koordinationsstelle zu schicken."

Der vorstehende Auszug aus Richard Grünbergers Buch *„Das zwölfjähre Reich"* – *Der Deutschen Alltag unter Hitler* – (Wien/ München/Zürich 1972) führt den Leser zu der Schlußfolgerung, daß auf diese Weise eine Menge Arbeitszeit verlorengegangen sein muß; denn die Reden, die Hitler und seine Henkersknechte hielten, waren selten weniger als zwei und oft bis zu drei Stunden lang. Offenbar hielt Goebbels die Verbreitung der nationalsozialistischen Lehre für wichtiger als die Produktivität der Arbeiter. Er hatte recht. In dieser Zeit, da die Partei die Nation noch längst nicht fest im Griff hatte, war es wesentlich, daß Zauderer und Kritiker ins richtige Lager geführt wurden. Die Maschinerie, die auf störrische Mitbürger einwirken sollte, wurde in Gang gesetzt und funktionierte mit einem Höchstmaß an Effizienz.

Wie groß die Wirksamkeit der Radiopropaganda war, sah man Ende Juni 1934, als am Wochenende des 29./30. die „Nacht der langen Messer" stattfand, ein Massaker der Unzufriedenen und Hitler-Gegner. Damals schlug Gregor Strassers Stunde ebenso wie die des Stabschefs der SA, Ernst Röhm, dessen Ehrgeiz es gewesen war, Reichskriegsminister zu werden und später die regulären Streitkräfte mit seiner SA zu verdrängen. Das Verfassungsrecht stand jedoch auf seiten der Streitkräfte, und Hitler plante bereits, während Hindenburg Schritt um Schritt in Richtung des Grabes tat, das Amt des Reichspräsidenten und das des Reichskanzlers in seiner Person zu vereinigen, so daß jeder Wehrmachtsangehörige verpflichtet war, einen Treueschwur auf ihn persönlich zu leisten. Röhms schwer zu bändigende Sturmmänner hatten ihren Zweck längst erfüllt. Auf die Vorstellung Anthony Edens hin hatte Hitler sich sogar bereit erklärt, die Stärke der SA um zwei Drittel zu reduzieren — ein diplomatischer Schachzug, der die Temperatur antihitlerischer Gefühle in Europa vorübergehend reduzierte.

Röhm mußte also gehen. Er wurde aus dem Bett gezerrt, in dem er mit einem Strichjungen lag, und später von SS-Männern erschossen. Ähnlich erging es Gregor Strasser, dem Hitler niemals verziehen hatte, daß er während der Landsberger Festungshaft versucht hatte, die Kontrolle über die Partei an sich zu reißen. Etliche hundert Parteigenossen erlitten dasselbe Schicksal. Die genaue Anzahl wurde niemals ermittelt. Entweder war ihre Unbotmäßigkeit aus sich selbst heraus ruchbar geworden, oder Himmler hatte ihnen mit Hilfe seiner Schnüffler eine wirkliche oder fabrizierte Missetat anhängen lassen — wie zum Beispiel Schleicher, dessen Unglück es gewesen war, Hitler bei seinem Aufstieg zur Reichskanzlerschaft kurzfristig im Wege gestanden zu haben, und viele von jenen, die an dem Komplott zur Niederbrennung des Reichstagsgebäudes teilgehabt hatten und deren Wissen daher gefährlich war.

All diese und zahllose andere Personen wurden während jenes Wochenend-Massakers von Röhms eigenen bisherigen Kameraden aufgegriffen und umgebracht. Goebbels hatte mit der Planung der „Nacht der langen Messer" wenig zu tun. Seine Sorge galt in erster Linie der eigenen Position. Er ließ Hitlers Hand nicht los, um sich in einer Zeit, als der Führer seinen alleinigen Herrschaftsanspruch durch die Eliminierung aller faktischen und potentiellen Opponenten untermauerte, des eigenen Überlebens zu sichern. Goebbels, so wurde bemerkt, befand sich ständig in Hitlers Schatten, „eine diabolische, grinsende Karikatur, nervös und verzweifelt darauf bedacht, seinen Klumpfuß zu verbergen, aus lauter Angst, er könne allein durch seine physische Unvollkommenheit das Mißfallen seines Meisters erregen und ihretwegen beiseite gestoßen werden."

Seine Aufgabe, die er von Hitler selbst erhielt und mit pedantischer Gründlichkeit durchführte, war es, einen überzeugenden Hintergrund für die „Selbstmorde" derer zu erfinden und zu veröffentlichen, die am Wochenende des 29./30. Juni auf so geheimnisvolle Weise verschwunden waren und deren Leichen erst Monate später in Flüssen und Sümpfen, in verlassenen Häusern und unzugänglichen Wäldern gefunden wurden. Krokodilstränen wurden um Ernst Röhm vergossen. „Ein großer Mann in der Geschichte der nationalsozialistischen Partei, dessen Selbstmord das unvermeidliche Ergebnis seiner homosexuellen Neigung und der damit verbundenen Erpressung war." Sämtliche Dokumente, die den Führer in irgendeiner Weise mit der Säuberungsaktion in Verbindung hätten bringen können, wurden von Goebbels eigenhändig zerstört. Zeitungsherausgebern drohte man ein ähnlich geheimnisvolles Verschwinden hinter den Mauern eines Konzentrationslagers an für den Fall, daß sie es wagen sollten, in ihren Blättern abfällig Bezug auf die Ereignisse des blutigen Wochenendes zu nehmen.

Das Privileg, über die „Nacht der langen Messer" zur Öffentlichkeit zu sprechen, nahm Hitler für sich selbst in Anspruch, nachdem Hindenburg am 2. August gestorben war und er sich selbst zum Reichspräsidenten gemacht hatte, womit er nun endgültig die absolute Macht im Staat in Händen hielt. Da nun nichts mehr seine Autorität untergraben konnte, teilte er dem Volk seine eigene Version der Ereignisse während der Säuberungsaktion mit und schloß mit der Drohung: „Jedermann muß für alle Zeiten wissen, daß, wenn er die Hand gegen den Staat erhebt, der sichere Tod sein Los ist."

Goebbels war wie üblich unbeeindruckt, als er hörte, wie sehr sich des Führers Darstellung, er habe „das Reich von seinen Feinden gesäubert", von seiner eigenen Selbstmord-Propagandageschichte unterschied, wie man den Unterschied in der Öffentlichkeit sehr wohl bemerkt hatte und sich in den Kabaretts des Untergrunds darüber lustig machte. „Die Wahrheit ist, was ich daraus mache", schrieb er zynisch. „Ich habe

Himmler heute aufgesucht und ihm gesagt, daß diese Möchtegern-Satiriker in ihren finsteren Ecken ausgemerzt werden und über den Irrtum ihrer Anschauung belehrt werden müssen."

„Intellektuelle" – in Goebbels' Wörterbuch also solche, die ihre eigenen Gedanken dachten, anstatt sich die vom Reichsministerium für Volksaufklärung und Propaganda vorgeschriebenen Gedanken zu eigen zu machen – wurden in ähnlicher Weise behandelt. Einer von ihnen, Oswald Spengler, hatte ein Buch mit dem Titel *„Jahre der Entscheidung"* (München 1935) veröffentlicht, in dem cr schrieb:

„Ich will weder schelten noch schmeicheln. Ich sehe davon ab, mir eine Meinung über Dinge zu bilden, die soeben erst entstehen. Die wahre Bewertung eines Ereignisses ist erst möglich, wenn es in die fernere Vergangenheit gerückt ist und wenn bestimmte gute oder schlechte Auswirkungen längst Wirklichkeit geworden sind, mithin also nach Ablauf einiger Jahrzehnte. Ein großes Ereignis bedarf keines zeitgenössischen Kommentars. Die Geschichte selbst fällt das Urteil, wenn die Zeitgenossen nicht mehr am Leben sind. Dies (die Machtergreifung durch die Nazis) war kein Triumph, denn es mangelte an Gegnern. Deutschland ist in Gefahr. Meine Sorge um Deutschland hat sich nicht verringert. Ich sehe weiter als andere..."

Die Zweifel, unter denen Spengler die moralische Berechtigung des neuen Regimes sah, wurden von Goebbels in einer Reihe offizieller Pamphlete zornig beantwortet. Er suchte Spenglers Argumente mit logischen Gegenschlägen zu zertrümmern, die allzu offensichtlich aus der Verzweiflung des Intellektuellen rühren – und ein Intellektueller war Goebbels ohne allen Zweifel selbst –, der die Macht der ununterdrückten Gedanken kennt. Spengler starb zwei Jahre später, nachdem er sich standhaft geweigert hatte, ein Hitleranhänger zu werden.

Weitaus aktivere Rache übte Goebbels an Ehm Welk, dem Chefredakteur der Wochenzeitschrift „Grüne Post". Dieser hatte Goebbels beleidigt, indem er einen bitteren Leitartikel über die Schwierigkeiten des Herausgebers schrieb, der ein Blatt veröffentlicht, das weiter nichts als eine getreue Kopie tausend anderer Blätter ist, die ihre Informationen allesamt in Form hektographierter Äußerungen des Propagandaministeriums erhalten. „Man sagt uns, daß die offiziellen Mitteilungen überarbeitet werden müssen", schrieb er, „und daß wir keine Angst haben sollen, Kritik zu üben. Auch, daß uns, wenn der Zweifel uns plagt, der Minister selbst bei unseren Problemen helfen wird. Aber als ich hinging, um ihn persönlich aufzusuchen, fand ich es schwierig, bis zu solch einem großen Mann vorzudringen, der in einem so großen Haus mit so vielen Zimmern lebt und von so vielen wichtigen Leuten umgeben ist. Ich wartete in tausend Vorzimmern, auf der Suche nach Information, wie ich die „Grüne Post" zum Wohlgefallen des Herrn Ministers herausgeben könne und gleichzeitig keine Angst vor dem Kritisieren zu haben brauche. Aber ich ging uninformiert wieder fort."

Goebbels verbot die Veröffentlichung der Zeitschrift sofort, ließ Welk festnehmen und schickte ihn in ein Konzentrationslager.

Außerhalb Deutschlands allerdings mußte er sich Satire und Kritik gefallen lassen. Als er von Hitler im September 1933 als deutscher Vertreter zur Genfer Abrüstungskonferenz geschickt wurde, wurde er auf Schritt und Tritt von einer aus sechs kräftigen SS-Männern bestehenden Leibgarde begleitet. Die sechs waren eigens im Hinblick auf ihre „ideale arische Statur" ausgewählt worden. Sie waren groß, breitschultrig, blond und gutaussehend, in der Art von Horst Wessel. In einer Schweizer Zeitungskarikatur wurden sie als Marionetten dargestellt, die mit verschränkten Armen vor einem Hintergrund von Hakenkreuzfahnen standen. Im Vordergrund kauerte Goebbels, zwergenhaft, verkrümmt, glänzendes schwarzes Haar über einem grausamen Lächeln. „Wer ist denn das?" wurde in der Unterschrift gefragt. „Na, das ist der hervorragende, große, blonde, aufrechte, physisch fehlerfreie Vertreter der großen arisch-nordischen Rasse rein deutschen Geblüts."

Innerhalb seines eigenen Territoriums jedoch hatte Goebbels die Gefühlsregungen des deutschen Volkes fest im Griff. Er schuf Abteilungen innerhalb seines Ministeriums, die dafür sorgten, daß kein Aspekt des alltäglichen und häuslichen Lebens vom suchenden Finger der Propaganda verschont blieb. Es gab acht solche Abteilungen. Sie beschäftigten sich mit Dingen wie Recht, Finanzen, Personal, Kultur und Werbung, mit Politik, Feierlichkeiten, Jugend, Volksgesundheit, Rasseproblemen, mit der Nachrichtenverbreitung im In- und Ausland, mit Kino, Theater, Musik, Kunst und mit dem Schutz gegen Konterpropaganda, wiederum im In-und Ausland.

Bei der Besetzung dieser Abteilungen wählte Goebbels seine Helfer mit großer Sorgfalt. Er verlangte von ihnen denselben Arbeitseifer, den auch er erbrachte. Er selbst war ein fanatischer Arbeiter. Sein Verstand war von jener Art, die sich mit gleicher Intensität auf mehrere Aufgaben zur selben Zeit konzentrieren konnte. Es war recht alltäglich für ihn, vier Sekretärinnen gleichzeitig vor sich zu haben und ihnen unabhängig voneinander die Texte von Zeitungsartikeln, Reden, Büromitteilungen und Briefen zu diktieren. Nachdem er das Diktat für eine Sekretärin mitten in einem Satz unterbrochen hatte, konnte er zehn Minuten später zu ihr zurückkehren und unmittelbar an der Stelle der Unterbrechung ohne jedwede Erinnerungshilfe mit dem Diktat fortfahren, obwohl er inzwischen einer anderen Frau über ein gänzlich anderes Thema diktiert hatte. Nach zwei oder drei Stunden Diktat rauchte er gewöhnlich eine Zigarette und trank ein Glas Weißwein. Dann verließ er sein Büro mit einer anderen Gruppe von Sekretärinnen, bestieg ein Auto oder einen Zug und fuhr während der Fahrt fort, mit unvermindertem Fleiß zu arbeiten, so daß er im Zustand bester Vorbereitung sein Ziel erreichte und eine stundenlange Rede halten konnte, in der ihm, wie der britische Botschafter in Deutschland, Sir Neville Henderson, sich ausdrückt, „keine Galle zu bitter, keine Lüge zu platt war."

Seine Unfähigkeit, den Spott der ausländischen Presse zum Schweigen zu bringen, war ihm natürlich ein Dorn im Fleisch. Seine Beziehung zu den Journalisten, die die Presse des demokratischen Auslands vertraten, war getrübt durch seine mangelnde Erfahrung im Umgang mit Ausländern. Obwohl er ein wirklich intelligenter Mensch war, gelang es ihm nicht, die Psychologie anderer Nationen zu verstehen. „Warum bestehen sie darauf, die Wahrheit, wie ich sie ihnen vortrage, zu mißachten?" beklagt er sich in seinem Tagebuch. Die Antwort war — wie hätte es anders sein können? —, daß die Korrespondenten aus New York, London, Paris und sonstwoher mit eigenen Augen die Geschehnisse innerhalb des Nazi-Staats beobachtet hatten, von denen Goebbels mit Inbrunst behauptete, es hätte sie nie gegeben. Wie zum Beispiel die Judenverfolgung, die im Laufe der Jahre an Intensität zunahm und von der die vom Propagandaministerium herausgegebenen Informationen für die Presse euphemistisch als einer „Neuorientierung der Werktätigen in Übereinstimmung mit den Bedürfnissen der deutschen Industrie" sprachen. Die verdrehte Wortwahl weist auf seine Verständnisschwierigkeit hin. Er hing dem merkwürdigen Glauben an, das demokratische Europa und Amerika seien lediglich eine Verlängerung des Deutschen Reiches, und die Menschen, die dort lebten, ließen sich Lügen ebenso leicht eintrichtern wie die der Gehirnwäsche unterzogenen Untertanen Adolf Hitlers. Als aus ausländischen Presseberichten offenbar wurde, daß den Berichterstattern die Formbarkeit des Bewußtseins fehlte und sie eben nicht aus Ländern stammten, die mit Hilfe des Ermächtigungsgesetzes und der Geheimpolizei regiert wurden, da rächte er sich, indem er zahlreiche Korrespondenten wegen „falscher Berichterstattung" des Landes verwies — wobei er anscheinend übersah, daß er damit Schwäche, nicht Stärke zeigte.

Als müsse er Mörtel über die Risse im Gebäude des Dritten Reiches streichen, änderte er schließlich seine Taktik und gab ein Vermögen – 260 Millionen Mark allein im Jahr 1934 – für die Auslands-Propaganda aus. Er schickte Presseattachés in die deutschen Botschaften und übermittelte ihnen in Codenachrichten die Informationen, die sie zu verbreiten hatten.

„Der Welt draußen muß unsere Propaganda auf eindrucksvolle Weise klarmachen, daß Deutschland sich nur eine friedliche Lösung der bestehenden Probleme wünscht. Auf geschickte Art und Weise müssen alle jene, die sich weigern, auf Deutschlands gerechte Forderungen einzugehen, für das Scheitern der friedlichen Verständigung verantwortlich gemacht werden. Dies hat auf unaufdringliche Weise zu geschehen. Der Tenor muß ständig ein anderer sein."

So rührte er auf seine eigene, verständnislose Weise die Trommel der deutschen Propaganda im Ausland. Er hatte einmal gesagt: „In England und Frankreich ist es an der Tagesordnung, daß die öffentliche Meinung, unbeschadet der verschiedenen Ansichten, die die einzelnen Parteien über ein bestimmtes Thema haben mögen, in einer einheitlichen Weise geformt und gelenkt wird, sobald es um Fragen geht, die für die Nation lebenswichtig sind." Diese Worte gab er auf einer Pressekonferenz am 7. April 1933 von sich. Es ist wenig erstaunlich, daß ein solcher Mann bei seinem Versuch, eine Beziehung zur ausländischen Presse aufzubauen, kläglichen Schiffbruch erlitt.

Aber innerhalb seiner eigenen Domäne hämmerte der Rhythmus seiner Propaganda so unaufhörlich wie der harte Schritt marschierender Kolonnen, der bei jeder Gelegenheit, manchmal mehrmals am Tag, im Radio übertragen wurde. In ständigem Crescendo schwollen die Schlagworte, Kampfrufe, Befehle, Marschkonzerte, Reden, Hymnen und Trommelwirbel, in furchterregendem Accelerando, zum Fortissimo des Krieges.

Der letzte Akt

Ehe Hitler sich daranmachen konnte, andere Völker zu unterwerfen und die Grenzen Deutschlands nach außen zu schieben, um *Lebensraum* für das deutsche Volk zu schaffen (diesen Begriff hatte Goebbels für ihn geprägt), mußte er sich zunächst das Reich selbst untertan machen. Im Reichstag gab es für ihn keine Probleme. Die Sozialdemokraten beugten sich kleinmütig unter das nationalsozialistische Joch, nachdem sie schon in den Wahlen nur geringen Widerstand geleistet hatten. Die Kommunisten waren unterdrückt. Die Demokraten und die Deutsche Volkspartei hörten aus eigenem Antrieb auf zu existieren. Die Zentrumspartei und die Deutsch-Nationale Volkspartei lösten sich „freiwillig" auf, als Rudel von SA-Männern wie Gerichtsvollzieher in ihre Büroräume eindrangen, mit dem „Kuckuck" in der Hand. Ab 14. Juli 1933 war alle politische Opposition gesetzlich verboten. „Die Nationalsozialistische Partei stellt die einzige politische Partei in Deutschland dar. Wer es unternimmt, die Struktur einer anderen politischen Partei zu erhalten oder eine neue politische Partei zu gründen, wird mit Gefängnis bis zu drei Jahren oder mit Zuchthaus von sechs Monaten bis zu drei Jahren bestraft, vorausgesetzt, sein Vergehen ist nicht aufgrund anderer Gesetzesvorschriften mit einer noch höheren Strafe zu belegen."

Zuvor waren die Regierungen der deutschen Länder, die sich bisher einer deutlichen Eigenständigkeit erfreut hatten, aufgelöst und durch nationalsozialistische „Reichsstatthalter" ersetzt worden, deren Aufgabe es war, „für die Einhaltung der vom Reichskanzler vorgeschriebenen Politik zu sorgen."

Die Gewerkschaften wurden auf ähnliche Weise zerstört. Ihre Gelder wurden konfisziert, ihre Häuser besetzt, ihre Führer wegen „mangelnder Zusammenarbeit mit dem Regime" ins Gefängnis gesperrt. Goebbels informierte mit seiner Propaganda die Arbeiter, daß der Führer wohl wisse, was Armut sei, und die Ausbeutung des deutschen Arbeiters durch „den anonymen Kapitalismus" nicht zulassen werde. Tarifverträge würden von nun an von den „natürlichen Führern" der Industrie formuliert. Da dies bedeutete, daß ab sofort die Arbeitgeber die absoluten Herren der Industrie waren und da das neue Gesetz das Streikrecht negierte, ist verständlich, daß die Arbeitnehmer mißtrauisch waren. Man beruhigte sie ein wenig mit einer grandiosen Feier des Ruhmes der Arbeit, am 1. Mai. Die Feier, von Goebbels organisiert, wurde auf dem Tempelhofer Feld in Berlin abgezogen. Der Stil war dem der Nürnberger Reichsparteitage ähnlich. Die 100 000 Arbeitervertreter in der Arena wurden von Hitler angedröhnt, er und die Nation seien allzeit bereit, die Arbeit zu ehren und den Arbeiter zu achten. Es sei absolut falsch zu behaupten, die Revolution richte sich gegen die deutschen Werktätigen. Er fügte hinzu, der 1. Mai werde von nun an durch die Jahrhunderte hindurch zu Ehren der deutschen Arbeit begangen werden.

Das Brimborium, vorgetragen in Hitlers faszinierendem Redestil und wie üblich garniert mit Militärkapellen, Paraden, Fahnen und anderen Heißmachereffekten, hatte den gewünschten Erfolg — zumal in den Wochen danach Wellen von Verhaftungen und Hausarresten alle diejenigen aus dem Verkehr zogen, die auch nur einen warnenden Finger zu heben, ein einziges Wort des Protests zu äußern wagten. Für die Unparteilichkeit der Justiz war gesorgt, indem man den Richtern klarmachte, daß auch sie vor dem Konzentrationslager nicht sicher seien, wenn sie es wagten, die Halsabschneider zu verurteilen, die im Namen des Staates diesen verbrecherischen Anschlag auf die Freiheit verübt hatten. Die staatliche Ordnung, wie sie von der Verfassung vorgesehen war, zerfiel.

Was die Wirtschaft anbelangte, so half Hitler ihr wieder auf die Beine, indem er den Chef der Reichsbank, Hans Luther, durch Dr. Hjalmar Schacht ersetzte, einen seiner treuesten Anhänger seit den frühen Tagen der Partei. Während der nächsten fünf Jahre bewies Schacht, daß der Führer die richtige Wahl getroffen hatte, indem er ein umfassendes Aufrüstungsprogramm zur Grundlage der wirtschaftlichen Genesung machte. Auf keine andere Weise hätten sich wirksamer Arbeitsplätze für die deutschen Arbeitslosen schaffen lassen, deren Zahl seit dem 1929er Börsenkrach an der Wall Street auf über sechs Millionen angeschwollen war. Auf diese Weise wurden Hitlers militante Expansionspläne auf durchaus plausible Art mit dem Programm zur wirtschaftlichen Erholung verkoppelt. Das Programm finanzierte sich übrigens, wie Schacht vornehm darlegte, eine Zeitlang „aus der inflationären Aktivität der Druckerpressen". Bald jedoch nährte es sich aus dem eigenen Schwung, den es inzwischen gewonnen hatte, sowie „aus den konfiszierten Fonds der Bolschewiken, Juden und anderer Feinde des Großdeutschen Reichs."

Die Aufrüstung mußte natürlich geheimgehalten werden. Fremden Journalisten gegenüber leugnete Goebbels, daß Rüstung außerhalb der vom Versailler Vertrag definierten Grenzen betrieben werde. Unverständlicherweise erwartete er, daß man ihm glaubte, ebenso wie er für glaubhaft gehalten werden wollte, wenn er davon sprach, daß Konzentrationslager weiter nichts seien als „ein Bestandteil der Absicht des Führers, die jüdische Rasse zu rehabilitieren." Er blieb in der naiven Ansicht befangen, daß, wenn es ihm im eigenen Land gelang, den Volksgenossen ein X für ein U vorzumachen, andere Völker mit ähnlicher Leichtgläubigkeit reagieren müßten. Ein Korrespondent der Associated Press in Berlin, Louis P. Lochner, schreibt:

„Ein eindrucksvolles Beispiel der Goebbelsschen Fähigkeit, schamlose Lügen aufzutischen, wurde den in Berlin akkreditierten ausländischen Korrespondenten am 10. November 1938 geliefert, am Tag, nachdem Hitler seinen Horden das Signal gegeben hatte, jüdische Läden zu plündern, jüdisches Eigentum zu demolieren, Synagogen niederzubrennen und unschuldige

Juden festzunehmen. Wir wurden gebeten, am späten Morgen dieses Tages ins Propagandaministerium zu kommen, da Dr. Goebbels eine Erklärung abzugeben wünsche.

Er trat plötzlich ein, mit raschen, nervösen Schritten, forderte uns auf, einen Halbkreis um ihn zu bilden, und gab sodann eine Erklärung des Inhalts ab, ‚alle Berichte, die Ihnen über die angebliche Plünderung und Zerstörung von jüdischem Eigentum zu Ohren gekommen sind, sind erstunken und erlogen. Den Juden ist kein Haar gekrümmt worden.‘

Wir sahen einander verblüfft an. In unserer gesamten journalistischen Karriere hatte keiner von uns jemals etwas Ähnliches erlebt.

Nur drei Minuten vom Wilhelmsplatz, an dem das Propagandaministerium stand, lag Berlins berühmte Einkaufsstraße, die Leipziger Straße. Am Anfang der Leipziger Straße stand das bekannte Kaufhaus Wertheim, die Schaufenster zertrümmert, die Auslagen ein Schutthaufen. Aber Goebbels erklärte uns, was wir mit eigenen Augen gesehen hätten, sei ‚erstunken und erlogen‘.

Nach ein paar Augenblicken ungläubiger Starre hatten wir uns ausreichend vom Schock erholt und wollten Dr. Goebbels ein paar Fragen stellen. Er war aber nicht mehr da. Er hatte die Sekunden unserer Verblüffung ausgenützt und sich unbemerkt zurückgezogen, um unserer Wißbegierde nicht Rede und Antwort stehen zu müssen.

Bei seinem unwahrscheinlichen Coup hatte Goebbels versäumt, Folgendes in Erwägung zu ziehen: Wir berichteten seine Worte zwar getreulich nach Hause. Damit wir unsere Posten in Berlin behalten könnten, verzichteten wir auch darauf, Kommentare dazu abzugeben. Aber am vorhergehenden Tag hatten wir lange Augenzeugenberichte an unsere Zeitungen geschickt: von brennenden Synagogen, demolierten Schaufenstern, verprügelten Juden und von Nazi-Banden, die mit dem Ruf ‚Juda verrecke' durch die Straßen zogen.

Meine Frau und ich hatten in der vergangenen Nacht Stunden damit verbracht, hysterische Nazis bei ihrem Werk der Zerstörung zu beobachten. Ein paar von uns hatten unmittelbar vor Goebbels' Pressekonferenz Berichte abgeschickt, wie wir auf vielen Umwegen zum Wilhelmsplatz gefahren waren, weil wir Angst hatten, auf den von Glasscherben zertrümmerter Schaufenster besäten Hauptstraßen unsere Autoreifen zu zerschneiden.

Die Wirkung unserer wahrheitsgemäßen und wortgetreuen Berichterstattung war infolgedessen eine ganz andere, als Hitlers Propagandaminister erwartet hatte."

Es war die notorische „*Reichskristallnacht*", auf die Lochner sich bezieht, der entsetzliche Höhepunkt des Pogroms, das seit fünf Jahren die freie Welt schockierte. Das Pogrom hatte sich ebensowenig geheimhalten lassen wie die Anstrengungen der deutschen Wiederaufrüstung. Die platte Versicherung, daß die deutsche Wirtschaft mit Hilfe von öffentlichen, staatlich finanzierten Arbeitsprogrammen wieder auf die Füße gestellt werde, überzeugte niemand außerhalb der Hörweite der pausenlos dröhnenden Stimme des Propagandaministers. Allerdings gab es, wie wir sofort sehen werden, unter den übereifrigen Besänftigern Hitlers einige, die gar zu gern hätten überzeugt werden wollen.

Es gab, daran kann kein Zweifel bestehen, tatsächlich öffentliche Arbeitsprogramme: Autobahnbau, Altstadtsanierung und ähnliche. Aber ebensowenig kann man an Shirers Feststellung zweifeln, wonach „die wirkliche Grundlage der wirtschaftlichen Erholung Deutschlands war die Aufrüstung. Ihr widmete das Hitler-Regime vom Jahre 1934 an seine ganze Energie. Die gesamte deutsche Wirtschaft wurde, um ein Schlagwort zu gebrauchen, zur ‚Wehrwirtschaft‘ und mit vollem Bedacht auf den Krieg ausgerichtet. Im Jahre 1935 erschien in Deutschland ein Buch von General Ludendorff mit dem Titel ‚Der totale Krieg‘. Darin wurde hervorgehoben, die Volkswirtschaft müsse auf der gleichen totalitären Basis wie alle anderen Lebensbereiche mobilisiert werden, um sich in angemessener Weise auf den totalen Krieg vorzubereiten.“

Auf jeden Fall war es ebenso lächerlich, wenn Goebbels' Propaganda behauptete, Hitlers Ziele seien „absolut friedlich, nur mit der wirtschaftlichen Gesundung des Deutschen Reiches befaßt“, wie wenn sie erklärte, „den Juden ist kein Haar gekrümmt worden“. Im Juli 1934 unternahm der „Führer“ den Versuch eines Staatsstreichs in Österreich, indem er den Mord das Kanzlers Dollfuß anordnete. Die Ermordung wurde von Himmlers SS, maskiert mit österreichischen Bundesheer-Uniformen, planmäßig durchgeführt; aber ein Staatsstreich ließ sich daraus nicht machen, weil die österreichische Regierung die gefährliche Lage rasch wieder unter Kontrolle bekam. Hitlers erster Vorstoß war somit erfolglos. Er äußerte geschwind, erprobter Routine folgend, sein tiefempfundenes Bedauern über den grausamen Mord, den er natürlich österreichischen Verrätern zuschrieb. Aber niemand, der auch nur ein wenig Verständnis für die Lage in Europa besaß, hätte auf diese Weise getäuscht werden können. Trotzdem war die internationale Reaktion ebenso schwach und halbherzig wie acht Monate später, als aus Deutschland die unverfrorene Ankündigung kam, die deutsche Luftwaffe und Marine würden wieder aufgebaut und die allgemeine Wehrpflicht eingeführt.

Die Besetzung des Rheinlandes im März 1936 war Hitlers erste erfolgreiche Demonstration der Stärke — einer Stärke, deren Entwicklung Großbritannien und Frankreich tatenlos mit zugesehen hatten, ohne daß von ihnen mehr zu hören gewesen wäre als unsichere Beteuerungen des Mißfallens, halbherzige Warnungen und hin und wieder eine Überlegung, ob man den Deutschen die Wiederaufrüstung womöglich offiziell genehmigen solle. Es gab da einige Staatsmänner, die bei der Verteilung der Intelligenz eindeutig zu kurz gekommen waren und Hitlers besänftigende Reden über Frieden, Vernunft und Versöhnung Wort für Wort glaubten. Einigen der bestangesehenen Journalisten erging es ebenso. Geoffrey Dawson, der Herausgeber der Londoner *„Times"*, hielt seiner Zeitung mit Absicht alles fern, was ihm sein Berliner Korrespondent, Norman Ebbutt, an Beunruhigendem meldete. Unsicheren Herzens schrieb er an seinen Vertreter in Genf:

„Nacht für Nacht tue ich mein Bestes, alles aus der Zeitung herauszuhalten, wodurch sich die Deutschen in ihrer Empfindlichkeit verletzt fühlen könnten. Soweit ich mich erinnern kann, ist schon seit vielen Monaten nichts mehr gedruckt worden, was sie möglicherweise als unfaire Berichterstattung empfinden könnten."

Es überrascht einen daher kaum, daß Goebbels' Verleugnung der Wiederaufrüstung vor einem Hintergrund von Männern wie Dawson, Simon (dem britischen Außenminister) sowie Baldwin und Chamberlain (den Premierministern des Nachkriegsjahrzehnts) von oberflächlichem Erfolg begleitet war. Auch dann noch, als sie sich langsam und behutsam zur Verleugnung der Aufrüstung *für Kriegszwecke* wandelte, schluckten die Briten sie wie der Fisch den Köder und fanden sich immer mehr dazu bereit, dem Wiederaufbau der deutschen Kriegsmarine zuzustimmen, solange eine Stärke von 35 % der britischen Marine nicht überschritten wurde. Die Zustimmung erfolgte, ohne daß Frankreich, Italien oder der Völkerbund konsultiert wurden.

Weniger als ein Jahr nach dem Einmarsch seiner angeblich nichtexistierenden Truppen in die entmilitarisierte Zone des Rheinlandes informierte Hitler großzügigerweise die Welt, daß die deutsche Ratifizierung des Versailler Vertrags ab sofort keine Gültigkeit mehr besitze. Großbritannien und Frankreich ächzten und stöhnten zwar über den plumpen Streich, dessen Bedeutung sie vergebens zu begreifen suchten, obwohl er sich seit 1933 unmittelbar unter ihren einfältigen Nasen angebahnt hatte, aber sie fuhren fort, nutzlose diplomatische Gesten zu machen – bis zu jenem Haupt- und Generalakt der Dummheit, der sich im Münchner Abkommen vom September 1938 verkörpert.

Erst sechs Monate bevor Chamberlain unsicheren Schritts aus seinem Flugzeug stieg und das Papier schwenkte, das ihm angeblich „Frieden in unserer Zeit" garantierte, hatte Hitler Österreich annektiert. Seine Order lautete:

1. Falls sich andere Maßnahmen als erfolglos erweisen, beabsichtige ich, Österreich militärisch zu besetzen, um verfassungsgcmäße Verhältnisse herzustellen und weitere Ausschreitungen gegenüber der deutsch-freundlichen Bevölkerung zu unterbinden.

2. Die gesamte Operation steht unter meinem persönlichen Kommando.

3. Die Truppen des Heeres und der Luftwaffe, die für dieses Unternehmen eingeteilt sind, haben am 12. März 1938 zum Einmarsch bereitzustehen, nicht später als 12.00 Uhr.

4. Das Verhalten der Truppen muß den Eindruck vermitteln, daß wir nicht daran interessiert sind, gegen unsere österreichischen Brüder Krieg zu führen. Deshalb muß jede Provokation vermieden werden. Sollte es jedoch zu Widerstand kommen, muß er rücksichtslos und mit Waffengewalt gebrochen werden.

Die Annektion Österreich wurde letzten Endes ohne Blutvergießen bewerkstelligt. Hitlers Nazis waren inzwischen in das österreichische Parlament eingesikkert, und als am 10. April eine Volksabstimmung stattfand, war die Anwesenheit der deutschen Truppen so gut wie eine Garantie, daß das Abstimmungsergebnis fast einhundertprozentig zu Hitlers Gunsten ausfiel. Weder Großbritannien noch Frankreich konnten sich über Hitlers letzte Ziele irgendwelchen Illusionen hingegeben haben. Aber sie lebten weiterhin in ihrem Wolkenkuckucksheim, wedelten mit Dokumenten, rüttelten ihre Regenschirme und protestierten über ihre Botschafter „mit größtmöglichem Ernst" gegen Hitlers „unerträgliche territoriale Ansprüche". Als der Tschechoslowakei das Sudetenland entrissen wurde und der berühmte Korridor zum Zankapfel wurde, über den hinweg Polen der „gerechten Rückführung Danzigs ins Reich" Widerstand leistete, beschränkten Frankreich und Großbritannien sich auf die Funktion entsetzter, ungläubiger Beobachter. Die Bühne wurde für den letzten Akt hergerichtet, und sie wußten noch nicht einmal, welches ihre Rollen sein würden.

Der Vorhang fällt

Die aliierten Staatsmänner mögen ihre Rollen nicht gekannt haben; aber für Goebbels gab es keinerlei Ungewißheit bezüglich der seinen. „Aristoteles", bemerkte er um diese Zeit, „sagt, es sei nützlich, dem Feind gewisse Charakterzüge anzudichten und einen einzelnen Vertreter des Feindes mit diesen Charakterzügen auszustatten, so daß man über ihn herziehen kann." Genau das setzte Goebbels ins Werk.

Mit Chamberlain konnte er nichts anfangen. Der Mann war so farblos, daß er als Persönlichkeit nicht existierte. Da war Churchill, der am 10. Mai 1940 das Amt des Premierministers übernahm, schon eine ganz andere Gestalt. „In Wort und Bild", instruierte Goebbels seine Propagandahelfer, „muß Churchill als Typus des Briten dargestellt werden — eine heimtückische, grinsende Kreatur mit äffischer Stirn, ein Trunkenbold, der ständig Lügen produziert, sich immerfort in der Gesellschaft von Plutokraten, Juden und Bolschewiken befindet und die Arbeiter unterdrückt. Die Darstellung sollte also auf sein Alter anspielen (Churchill war um jene Zeit 65), auf seine Kriegslüsternheit aus persönlicher Profitgier, seine Prinzipienlosigkeit bei der Annahme verschiedener Ämter in verschiedenen Regierungen und auf seinen Familienhin-

Goebbels bei der Einweihung der
„Admiral-Graf-Spee-Brücke" am 23. 5. 1936

Goebbels bei der Besichtigung
eines bombardierten Berliner Wohnviertels
nach einem alliierten Luftangriff

Verleihung von Eisernen Kreuzen an Hitler-Jungen,
die sich 1942 als Luftwaffenhelfer ausgezeichnet
hatten

Proklamation zum Rußland-Feldzug am 22. 6. 1941

„Wollt Ihr den totalen Krieg?" –
Goebbels im Berliner Sportpalast am 18. 2. 1943

Hitler-Geburtstagsfeier am 19. 4. 1944.
Stellv. Gauleiter Gerhard Schach, Goebbels,
Polizeipräsident Graf Helldorf (v. l. n. r.)

tergrund: der Vater ein Syphilitiker, die Mutter eine Hure und so weiter."

So wurde dem deutschen Volk der Feind in Gestalt einer einzelnen Person verkörpert. Zu den Merkwürdigkeiten der Propaganda gehört, wie Hitler und Goebbels bereits festgestellt hatten, daß eine Darstellung um so breitere Aufnahme findet, je gröber sie gezeichnet ist. Darin hat sie etwas gemeinsam mit dem ihr verwandten Gebiet der Reklame. Es ist verhältnismäßig leicht, einen Großteil der Bevölkerung davon zu überzeugen, daß er unbedingt eine Plastiklilie braucht und diese umsonst erhalten kann, indem er ein bestimmtes Waschmittel anstelle eines anderen kauft. Daher ist es nicht verwunderlich, daß Goebbels' Propagandatöne Anklang fanden und bis zum Ende des Krieges mit ständig zunehmender Hysterie der wahre Feind der reinen und vorzüglichen, großen und mächtigen deutschen Rasse in der bis zur Lächerlichkeit verzerrten Gestalt Churchills dargestellt wurde.

Die frühen Ereignisse des Krieges wurden ebenso verzerrt. Da war zum Beispiel die Versenkung der „ATHENIA". Die „ATHENIA" war ein Passagierschiff. An Bord befanden sich eintausend Frauen und Kinder, die nach Amerika zurückkehrten. Das U-Boot „U 30" versenkte das Schiff am 4. September 1939 in dem Glauben — so schrieb der U-Boot-Kommandant in seinem Bericht —, einen bewaffneten Kreuzer vor sich zu haben. Goebbels unterdrückte den Bericht sofort und „enthüllte" statt dessen, daß in Wahrheit Churchill Bomben an Bord der „ATHENIA" hätte anbringen und zünden lassen, um auf diese Weise die Gelüste seiner barbarischen Grausamkeit zu befriedigen und gleichzeitig den Zorn der Welt auf die unmenschlichen Deutschen zu lenken. Als Beweis produzierte er den vom Führer unterschriebenen Befehl, daß jeder deutsche Kommandant, der ein unbewaffnetes Passagierfahrzeug angriff, mit dem Tode bestraft werde. Da der U-Boot-Kommandant noch am Leben war und dem deutschen Volk seine Geschichte (mit Text von Joseph Goebbels) am Radio erzählte, war somit bewiesen, daß er des häßlichen Verbrechens nicht schuldig sein konnte, dessen die Briten ihn bezichtigten.

Etwas weniger leicht war die Sache mit der „ARK ROYAL" zu handhaben. Der Flugzeugträger wurde am 14. September von einem deutschen Torpedo und bei einem Fliegerangriff am 26. September leicht beschädigt. In Deutschland berichteten Radio und Presse voller Triumph, die „ARK ROYAL" sei nur noch ein Wrack. Es wurde daher als störend empfunden, daß sie zwei Wochen später in voller Tätigkeit im Südatlantik und im November von deutschen Agenten unbeschädigt in Kapstadt vor Anker liegend beobachtet und gemeldet wurde. Während einer Besprechung erkundigte sich Goebbels beim Verbindungsoffizier der Kriegsmarine, ob er diesen unangenehmen Vorfall erklären könne.

„Ich fürchte nein, Herr Reichsminister", war die Antwort. „Die ‚ARK ROYAL' wurde vom Propagandaministerium versenkt, nicht von uns."

Die Besprechung, in deren Verlauf diese bissige Bemerkung fiel, fand am 23. Dezember 1939 statt. Den ganzen Krieg hindurch fanden täglich mehrere solcher

Besprechungen am Wilhelmsplatz statt. Hier wurde das Uhrwerk der Goebbelsschen Propagandamaschine aufgezogen. Teilnehmer an den Besprechungen waren die Leiter der Ministerialabteilungen, Presse, Rundfunk, Film, Kultur usw., Verbindungsoffiziere der Wehrmacht, Gauleiter aus den verschiedensten Bezirken Deutschlands und die Vertreter anderer Ministerien. Hier hatte Goebbels die Bühne gefunden, nach der er suchte. Sie befriedigte seinen Wunsch nach Dramatik, gab ihm Gelegenheit, seinen beweglichen Verstand und die Kunst der Wortmanipulation voll auszunützen, und tat seiner Eitelkeit gut. Willi Boelkke, der Verfasser der wenigen Protokolle, die heute noch existieren, sagt: „Goebbels schuf sich hier seine eigene geheime Kommandostelle. Hier gab er Tag für Tag seine Befehle für alle Sphären der Propaganda aus... Er allein faßte die Beschlüsse, stellte Fragen, erteilte Lob und Tadel, produzierte schillernde Ideen, erging sich in kritischen Monologen, erklärte seine Argumente und verwarf alle Gegenargumente. Er allein entschied, was aktuell und dem „Herzen des Volkes nahe" war. Es gab niemals eine offene Diskussion, geschweige denn Befragung oder Absprache unter Kollegen... Die Mehrzahl der Teilnehmer hielt es für klug, keine Fragen zu stellen oder gar Zweifel zu äußern."

Während einer Besprechung am 16. Juni 1940 entwickelte Goebbels eine seiner brillantesten und wirksamsten Propagandaideen. „Obwohl Frankreich in Wirklichkeit schon besiegt ist", sagte er laut Aufzeichnung, „ist der Laie mit dieser Tatsache noch nicht völlig vertraut... Frankreich empfindet seine nationale und militärische Ehre nach wie vor als unangetastet. Unser Ziel muß jedoch sein, Frankreich als ernst zu nehmende politische Macht Europas ein für allemal auszumerzen. Großbritannien läßt sich vom Kontinent ausschließen und zu einem ‚vergrößerten Holland‘ machen, wenn wir Frankreich, das verlängerte Schwert Englands, in den Boden gestampft haben. Zu diesem Zweck müssen wir zunächst der nationalen Ehre und dem Stolz der Franzosen einen tödlichen Schlag versetzen.“

Der tödliche Schlag war nicht nur erniedrigend, er war dramatisch. Zweiundzwanzig Jahre zuvor, am 11. November 1918, war der Waffenstillstand zwischen Deutschland und den Alliierten in Marschall Fochs Salonwagen auf einer Lichtung im Wald von Compiègne unterzeichnet worden. Hitler, rachedurstig wie eh und je, war hocherfreut, als Goebbels dafür sorgte, daß der alte Salonwagen für die Bekanntgabe der deutschen Waffenstillstandsbedingungen an exakt diesen Ort zurückgebracht wurde. Der Führer saß triumphierend in demselben Stuhl, den Foch damals innegehabt hatte, und die französischen Unterhändler, angeführt von General Charles Huntziger, nahmen die Plätze ein, auf denen 1918, bitter und erniedrigt, die deutsche Delegation gesessen hatte.

Das geschah am 21. Juni 1940. Am 22. 6., von ihrer Regierung in Bordeaux ermächtigt, unterschrieben die Vertreter Frankreichs um 18.50 Uhr den Waffenstillstand. Fünfzehn Minuten später machten deutsche Pioniere sich daran, den Salonwagen nach Berlin zu verfrachten, wo Tausende und Abertausende von Volksgenossen ein paar Pfennige zahlten, um am Altar des Hitlerschen Triumphs ihren Respekt zu zeigen. Es war — in Hinsicht sowohl auf den finanziellen Aufwand als auch auf die moralische Wirkung — eine der produktivsten Ideen, die Goebbels je gehabt hatte.

Goebbels verlor keine Zeit, den Ruhm seines Führers noch weiter zu untermauern. Hitler war nun der Herr eines großen Teils Europas — von Skandinavien im Norden bis nach Bordeaux im Westen und an den Bug im Osten. Goebbels befahl seinen Propagandisten, dieses Produkt territorialer Raublust als eine Union Europas darzustellen, deren Vollendung jetzt nur noch die Briten im Wege standen. „In dieser Woche", verkündete er auf einer Besprechung am 23. Juni, „wird der große Schlag gegen Churchill in Großbritannien geführt werden. Er kann natürlich nicht weiterregieren. Eine Kompromißregierung wird gebildet werden. Wir sind dem Ende des Krieges sehr nahe." Als sich herausstellte, daß jenes Ungeheuer, das Churchillsche Volk — unmoralisch, versoffen, heimtückisch, uneins, von zweifelhafter Herkunft und diminutiver Intelligenz — gar nicht daran dachte, vor Hitler zu zittern und sich gegen seine Regierung zu wenden, sondern statt dessen wider alle gute Sitte zwei Finger in einer abfälligen Geste des Trotzes in die Luft reckte, da wurde sein Gehabe schlauerweise hingestellt als „die unintelligente Empfänglichkeit" der Briten gegenüber Churchills „Clownerie und Redekunst". Es war, sagte Goebbels, „unmöglich, daß eine Nation, wie heruntergekommen sie auch sein mag, sich nicht gegen einen abgewirtschafteten alten Schelm erheben würde, der von morgens bis abends Schnaps trank, den Nachmittag verschlief und sich phantastisch herausputzte, als machte er seine zweite Kindheit durch". Als sich aber herausstellte, daß Churchill – unbeschadet der Meinung seines Arztes, Charles Wilson: „In seinem Urteilsvermögen, seinen Fähigkeiten als Administrator und seiner Menschenkenntnis ist er alles andere als hervorragend" – wesentlich erfolgreicher als Anführer der Briten war, als man von einem närrischen alten Windbeutel hätte erwarten mögen, da drosselte Goebbels, wenigstens für den Augenblick, seine merkwürdig verzerrte Porträtierung des „einzig verbleibenden Feindes zwischen Großdeutschland und einem im Triumph vereinten Europa."

Großbritanniens unerwarteter Widerstand im Sommer 1940 ging unter in wilden, prahlenden Triumphgesängen. London wurde „flachgewalzt" und die Royal Air Force „bis auf winzige Reste zertrümmert". Das verfrühte Schmettern der Siegesfanfaren erwies sich als ebenso lächerlich wie die „ARK ROYAL"-Geschichte und wurde zum Verstummen gebracht, als die Verluste der Luftwaffe zunahmen. Lord „Haw-Haw" (William Joyce), auf deutscher Seite arbeitender britischer Propagandasprecher, erhielt eine Kiste Zigarren nach der anderen „als Zeichen der Anerkennung des Ministers für die Art und Weise, wie er im englischen Volk während Großbritanniens schwerstem Sommer Angst und Mutlosigkeit verbreitet hatte." Aber abgesehen davon, daß „Haw-Haw" fortfahren sollte, mit seinen Radiosendungen „Schrecken unter der Zivilbevölkerung zu verbreiten", war die Schlacht von England auf einmal kein Thema mehr für die Besprechungen, die tagtäglich im Propagandaministerium stattfanden. „Es gibt nichts", erklärte Goebbels seinen Propagandisten, „was die Menge mehr haßt als Zweiseitigkeit. Sie mag nicht dazu aufgefordert werden, das eine sowohl wie das andere zu bedenken. Sie denkt primitiv. Sie liebt es, komplizierte Situationen zu verallgemeinern und aus der Verallgemeinerung klare und unzweideutige Schlüsse zu ziehen." Indem auf diese Weise das Dekret an die Stelle der logischen Argumentation gesetzt wurde, galt die „Schlacht um England" als deutscher Sieg, und niemand brauchte sich mehr den Kopf darüber zu zerbrechen.

Es gab ohnehin andere und wichtigere Dinge, mit denen man sich befassen mußte. Die langsam aber sicher dahinsiechende Rasse der Briten konnte sich selbst und der Gnade der deutschen Invasoren überlassen werden, die im Rahmen der für den Herbst geplanten *„Operation Seelöwe"* die englische Insel stürmen würden. (*Seelöwe* war geplant, wurde verschoben und schließlich ganz abgesetzt.) Weitaus wichtiger war die Ankündigung vom 3. September 1940, daß die Vereinigten Staaten sich bereiterklärt hatten, als Gegenleistung für die Überlassung von Marinestützpunkten in Westindien Großbritannien fünfzig Zerstörer leihweise zur Verfügung zu stellen. Goebbels betrachtete das Abkommen als sicheren Schritt in Richtung eines amerikanischen Kriegseintritts und begann sofort, nach aristotelischem Konzept an der Personifizierung des neuen Gegners zu arbeiten.

Roosevelt wurde zur Verkörperung der amerikanisch-kapitalistischen Interessen gemacht. Es wurde „entdeckt", daß er zum Teil jüdischer Herkunft war (seine Mutter war angeblich mit dem Namen Sara Rosenfeld zur Welt gekommen) und daß er „Absichten" auf Großbritannien hätte, weil er die Insel als Sprungbrett für die Besetzung Europas und die Schaffung „eines Weltreichs des amerikanischen Kapitalismus" verwenden wollte. Roosevelts jüdische Vorfahren waren in Wirklichkeit so zahlreich wie die Federn an der Haut einer Schlange. Dreihundert Jahre zuvor war sein frühester nachweisbarer Ahne, von Holland kommend, in New Amsterdam gelandet. Er selbst war lutherischen Bekenntnisses. Seine Mutter, Sara Delano, war vom Judentum ebensoweit entfernt wie ihre hugenottischen Vorfahren, die de la Noyes.

Aber die Prägeform für den neuen Roosevelt war schon gegossen. „Der Minister läßt wissen, daß von jetzt an der folgende Tenor anzuschlagen ist: ‚Das jüdische Amerika wird bis zum letzten Engländer kämpfen — falls es überhaupt zu kämpfen beabsichtigt. Es ist ganz klar, was Roosevelt will. Er will die britische Weltmachtstellung übernehmen. Er hat nicht ernsthaft die Absicht, Großbritannien mit Kriegsmaterial zu versorgen, und selbst wenn er das wünschte, wäre die amerikanische Rüstungsindustrie nicht in der Lage, seinen Wunsch zu erfüllen. Er kennt nur ein Interesse: den Krieg so zu verlängern, daß das britische Empire geschwächt und von den amerikanischen Interessen wie eine reife Frucht gepflückt wird."

Ein Gramm Wahrheit war allerdings in diesem Bild

enthalten, das Goebbels im Winter 1940 zu projizieren begann: Die Kapazität der amerikanischen Rüstungsindustrie war von einer großen Anzahl von Isolationisten, die entschlossen waren, ihr Land aus dem Krieg herauszuhalten, drastisch beschnitten worden. Selbst nach dem Angriff auf Pearl Harbor im Dezember 1941 bekam der britische Oberkommandierende, Sir Alan Brooke, von seinem Vorgänger, Feldmarschall Sir John Dill, noch zu hören: „Nie habe ich ein Land so unvorbereitet für den Krieg und so weichherzig gesehen." Nichtsdestoweniger schlug Roosevelt das Lend-Lease-Gesetz vor, und der Kongreß beschloß es im März 1941.

Das natürlich gab Goebbels Anlaß, die Bannstrahlen seines Zorns gegen den amerikanischen Präsidenten zu richten. Roosevelt wurde zum „Verrückten". Er und Churchill „betrogen das Volk in großem Maßstab." Amerika wurde von „einem kränklichen Plutokraten regiert, dem körperliche Mängel den Geist verwirrt und ihm Illusionen der Größe eingegeben hatten, die mit Größenwahnsinn gleichzusetzen waren". Als immer deutlicher wurde, daß Amerika früher oder später an der Seite Großbritanniens in den Krieg eintreten würde, wurde die Verunglimpfung intensiver. Wenn man die deutsche Presse las oder deutschen Radiosendungen zuhörte, gewann man den Eindruck, der Ritter in schimmernder Rüstung, Deutschland, schütze sich heroisch gegen den giftigen Gestank, die Flammen und die Grausamkeit des Roosevelt-Churchill-Drachens und warte nur auf den richtigen Augenblick, den tödlichen Streich zu führen, das widerliche

Ungeheuer zu vernichten und die Welt von den Schrek-
ken des Kapitalismus, Judentums, Gewerkschaftswe-
sens, des Größenwahns, der Trunksucht und anderer
widerwärtiger Aspekte der Demokratie zu befreien.
Die Kampagne war weiter nichts als eine lautere und
weniger komische Fortführung der Schmähreden, die
Hitler im Jahrzehnt davor gegen die Staatsmänner der
Welt gehalten hatte. Aber jetzt war Krieg, und das Ge-
klirr der Waffen im Hintergrund verlieh den Goebbelsschen Tiraden zusätzliche Wirkung. „Es schien
manchmal", schrieb ein amerikanischer Korrespondent, der bis zur Katastrophe von Pearl Harbor in Berlin blieb, „als hätte Goebbels die Bühne verlassen,
über die er uns an den Ohren hatte ziehen wollen. Er
hämmerte unglaubliche Behauptungen in unser Bewußtsein, und wir ertappten uns dabei, wie wir sie
plötzlich als glaubhaft empfanden. Man behält die
Vernunft; aber es gibt keinen Zweifel, daß Hitlers Behauptung ihre Gültigkeit hat: „Wenn du es ihnen oft
und laut genug erzählst, werden sie es am Ende glauben."

Man darf nicht übersehen, daß Goebbels oft Gelegenheit hatte, vorteilhafte Propaganda zu präsentieren, die im großen und ganzen der Wahrheit ent-
sprach. So geschah es zum Beispiel im Zusammenhang
mit der Schlacht im Atlantik. Zwischen 1941 und 1943
erreichten die alliierten Schiffsverluste katastrophale
Ausmaße, und dem deutschen Volk klangen trium-
phierende Sondermeldungen tagtäglich, fast stünd-
lich, in den Ohren. Als Amerika seine Rüstung ankur-
belte, wurde schadenfroh behauptet: „Die Riesenzah-

len der amerikanischen Rüstungsproduktion reichen nicht hin, das deutsche Volk in Schrecken zu versetzen, weil diese Produktion dank der Tätigkeit der deutschen Unterseeboote die europäische Szene nie erreichen wird." Es war eine Übertreibung, gewiß, aber sie lag der Wahrheit unbequem nahe. Riesige Mengen Material gingen verloren, als Rudel geschickt geführter U-Boote einen Geleitzug nach dem anderen angriffen. Und als Goebbels in einer seiner Rundfunkansprachen über die alliierte Schiffahrt sagte: „Ihre Tonnage, der wichtigste Trumpf in der Führung dieses Krieges, schrumpft von Tag zu Tag mit erschreckender Geschwindigkeit", da sprach er die Wahrheit.

Um diese Zeit — die Ansprache, auf die wir uns beziehen, hielt er am 3. Mai 1942 — war der Krieg an der Ostfront fast schon ein Jahr alt. Er bedeutete für Goebbels ein Problem, das sich der Lösung hartnäckig widersetzte. Die Tatsache, daß der Winter dem deutschen Vormarsch Halt geboten und unsagbare Leiden über die deutschen Truppen gebracht hatte, ließ sich nicht beschönigen, geschweige denn verheimlichen. Das Moskauer Desaster von 1812 schien sich zu wiederholen. Aus Sammlungen von Wollsachen für die Truppen ließen sich keine Erfolgsmeldungen machen. Ende 1941, als Hitler persönlich den Oberbefehl über das Heer übernahm, war seine Feldherrnschaft in den höchsten Tönen gefeiert worden. Er war „das größte Genie der Militärgeschichte", und der Sommer werde den „Blitzsieg" bringen. Aber der Sommer kam und ging, und weder ein Blitz- noch irgendein anderer Sieg wurde errungen. Goebbels Unbehagen kommt in einem Brief zum Ausdruck, den er im September 1942 an seine Frau Magda schrieb:

„Der Krieg gegen Rußland wird auf nervenzerrüttende Art geführt, und ich wünsche ihn zum Teufel. Ich muß dem Volk eine neue Heldenfigur präsentieren, jemand anderen als den Führer, der über allem erhaben und am täglichen Geschehen unbeteiligt bleiben muß, eben weil er der Führer ist."

Er fand in der Tat eine solche Figur. Sie sollte ihm helfen, die Fallen und Fangstricke, mit denen der Rußlandfeldzug den Propagandisten aufwartete, zu vermeiden. Aber es gab Situationen in seinem Privatleben, die genauso tückisch waren wie der Krieg im Osten und mit denen er sich fortwährend herumzuschlagen hatte. An diesen allerdings, das muß man sagen, war er selbst schuld.

Er hatte am 12. Dezember 1931 geheiratet. Das erste seiner sechs Kinder wurde neun Monate später geboren, die anderen folgten in kurzen Zwischenräumen (die Pausen zwischen Magdas Schwangerschaften waren jeweils nur ein paar Monate lang; das letzte Kind kam im Oktober 1940 zur Welt). Nur eins der sechs war ein Junge, der sich obendrein während seiner kurzen Lebensspanne noch als nur mäßig intelligent erwies. Aber Goebbels' Eitelkeit war besänftigt, als Hitler ihm erklärte: „Ein Genie soll nur Töchter haben; ein Sohn stünde für immer im Schatten des Vaters."

Goebbels gab Magdas „kalter, unnachgiebiger Natur" die Schuld an den vielen Mädchen und der mangelnden Intelligenz des Jungen. Kalt zu sein, dazu hatte sie allerdings mancherlei Anlaß. Fritz Prang hatte früher schon bemerkt, daß Goebbels auf sexuellem Gebiet „immer heiß" war. Er hatte kurze Affären mit seinen Sekretärinnen und minderen Repräsentantinnen der Bühnen- und Kunstwelt, mit der er durch seine Aufgabe als Propagandaminister eng verbunden war. Seine zahlreichen Bettgenossinnen beschrieben ihn als guten Liebhaber. Als Magda ihn einmal mit einer ihrer Freundinnen im Bett erwischte, bestritt er vehement, daß er je versprochen habe, in der Ehe Abstinenz zu üben. Es war ihm unmöglich, ihre häufigen Schwangerschaften in sexueller Enthaltsamkeit zu ertragen. Magda war, wie wir gesehen haben, in ihrer Ehe mit Quandt nicht ohne Tadel gewesen. Aber ihre Ehe mit dem Reichspropagandaminister sah sie in einem romantischen Licht. Es erniedrigte sie zutiefst, daß er so nonchalant von einem Bett zum andern sprang und daß es, als der Krieg herannahte und Wirklichkeit wurde, stets eine Warteliste unbedeutenderer Schauspielerinnen und Journalistinnen gab, die sich mit ihrem Körper einen Gefallen von ihm erkaufen wollten.

„Das", erklärte er ihr gefühllos, „sind die Begleiterscheinungen meiner Arbeit für Deutschland und den Führer."

Magda entschied bald, daß, wenn er sie betrügen konnte, ihr dasselbe Recht zustand. Sie hatte eine Affäre mit einem norwegischen Verbindungsoffizier und drohte, sich von ihrem Mann scheiden zu lassen. Goebbels war alarmiert. Die Ehe des Ministers hatte für alle anderen ein Vorbild zu sein, und gemessen an der Zahl der gemeinsamen Auftritte in der Öffentlichkeit war sie in der Tat ein voller Erfolg. Es gab eine

Versöhnung, die indes nur von kurzer Dauer war. Dann nahm er sich eine neue Mätresse: die tschechische Filmschauspielerin Lida Barova. Mit ihr lebte er zusammen und ließ sich zu Hause eine Zeitlang nicht mehr sehen. Es war unmöglich, die Liaison geheimzuhalten, und der öffentliche Skandal, der daraufhin entbrannte, versetzte Hitler in Wut. Er drohte, Goebbels als Reichsminister für Propaganda durch einen andern zu ersetzen und Goebbels als untergeordneten Diplomaten nach Tokio zu schicken. So verrückt war Goebbels nach Lida, daß selbst die Androhung der Absetzung, die Verletzung seiner kolossalen Eitelkeit, keinen Eindruck auf ihn machte. Er erklärte Hitler, er werde gerne nach Tokio gehen, wenn er sich nur scheiden lassen und Lida mit sich nehmen dürfe.

Hitler lehnte ab. Es wäre politisch unklug gewesen, den Posten des Propagandaministers in diesem Augenblick neu zu besetzen oder Goebbels' Unbeliebtheit dadurch noch zu vergrößern, daß man ihn zusammen mit Magda im Rampenlicht des Scheidungsgerichts auftreten ließ. (Im Volksmund war er ohnehin schon, wenn auch nur hinter vorgehaltener Hand, als „die Kaulquappe" bekannt: „Nur Maul und Schwanz, sonst nichts.")

Die Ehe wurde wieder zusammengeflickt, nachdem Lida von zwei Gestapobeamten zurück nach Prag eskortiert worden war, wo sie von da an unter Beobachtung stand, ihr Telephon angezapft und ihre Post der Zensur unterworfen wurde. Hitler wurde als der große Eheheiler gefeiert. In der „Berliner Illustrierten Zeitung" erschienen ein paar zuckersüße Photographien, die den grinsenden Hitler zeigen, wie er „nach einem kleinen Ehekrach" die Versöhnten dazu bewegt, einander die Hände zu reichen. Der Skandal wurde vergessen. Goebbels und Magda traten nun wieder häufig gemeinsam in der Öffentlichkeit auf. In den wenigen Gerüchten, die noch im Umlauf waren, wurde kaum erwähnt, daß sie praktisch getrennt voneinander lebten, daß Magda sich insgeheim einen neuen Liebhaber, Karl Hanke, genommen hatte, während Goebbels weiterhin seinen unersättlichen Sexualappetit zu befriedigen suchte, jetzt jedoch auf weitaus weniger aufsehenerregende Weise. Das Kindermädchen der Goebbels schrieb später: „Für den oberflächlichen Beobachter war es ein gutorganisierter Haushalt mit gesunden, wohlerzogenen Kindern und liebevollen Eltern. Aber hinter den Kulissen ging die Ehe in die Brüche. Die Atmosphäre war voller Feindseligkeit und auf Dauer unerträglich. Jeden Tag, fürchteten wir, konnte sich eine Katastrophe über uns entladen."

Eine Katastrophe ganz und gar nicht häuslicher Art entlud sich über die deutschen Armeen an der Ostfront während des Jahres 1942, und es war just in dieser Zeit, daß Goebbels die zuvor erwähnte Heldenfigur entdeckte, mit der er die öffentliche Aufmerksamkeit anziehen und von den Ereignissen in Rußland ablenken konnte.

General Erwin Rommel war im Frankreichkrieg bekannt geworden und hatte sich als ein Genie der Panzerkriegführung erwiesen. Er besaß darüber hinaus andere Eigenschaften, die ihn zur Rolle des Helden geradezu prädestinierten: Er war nicht von Adel wie so viele andere Generäle der Wehrmacht, und er war einer, der seine Offensiven nicht nur plante, sondern auch persönlich anführte.

Er führte sie außerdem mit großem Erfolg, sehr zum Mißvergnügen des britischen Kriegskabinetts, das von der Front in Nordafrika einen bedrückenden Bericht nach dem anderen erhielt. Churchill hatte in Auchinleck einen Prügelknaben gefunden; aber Prügelknaben waren von geringem Nutzen gegen die vorrükkenden Panzerarmeen, die die alliierten Streitkräfte ins Meer zu treiben drohten. Außerdem begannen die Briten, selbst Hochachtung vor Rommel zu empfinden. Sie konnten nicht umhin, die Art seiner Kriegsführung zu bewundern. Als Stratege war er seinen Gegnern überlegen; außerdem stand ihm die Elite der deutschen Panzertruppen zur Verfügung.

Für Goebbels war Rommel von ungeheurem Wert. Vom Standpunkt der Propaganda war er ein glänzendes Juwel mitten im staubigen Schutt — wörtlich zu nehmendem Schutt, denn inzwischen hatten die alliierten Bomberströme mit ihren vernichtenden Bombenangriffen auf die wichtigsten Städte des Reiches begonnen. Diesbezügliche Nachrichten wurden jedoch auf die hinteren Seiten der Zeitungen verdrängt, während die Schlagzeilen vom Heldentum und dem soldatischen Genie der Wüstentruppen berichteten. Aber als die Szene wechselte und Rommel nach der Schlacht von El Alamein den Rückzug antreten mußte, wurde es unmöglich, Tatsachen anders denn als Tatsachen darzustellen. Es gab keinen Trick, mit dem sich die immer schlimmer werdenden Nachrichten aus dem

Osten, Montgomerys Siege in Afrika und die Wende im Fernen Osten nach der Schlacht bei Midway verheimlichen ließen. Mit dem Sieg in der Wüste, der Landung in Nordafrika und der erfolglosen Belagerung von Leningrad war der Krieg in seine entscheidende Phase getreten, und es sah düster aus für Deutschlands Zukunft. Goebbels sah sich veranlaßt, sein Presse- und Rundfunkpersonal zu tadeln, weil es der Öffentlichkeit irreführende Informationen vorsetzte – zumal im Falle des alliierten Sieges bei Tobruk, über den am 14. November berichtet worden war: „Deutsche und italienische Truppen haben Tobruk nach Zerstörung aller militärischen Einrichtungen planmäßig geräumt."

Während der Besprechung dieses Tages „stellt der Minister dar... daß die Moral in der deutschen Öffentlichkeit ohnehin schon niedrig genug ist und daß die Führung keine weitere Verschlimmerung der Stimmung herbeiführen darf, indem sie das Vertrauen der Bevölkerung mißbraucht."

Aber das Vertrauen der Bevölkerung wurde auch weiterhin mißbraucht. Goebbels erließ eine Order, in der es hieß: „Wir werden die astronomischen Zahlen, die die Bolschewiken mit Bezug auf unsere Verluste im Kampf um Stalingrad veröffentlichen, mit aller Entschiedenheit dementieren." Die gesamte deutsche 6. Armee unter Paulus und Teile der 4. Panzerarmee waren eingeschlossen. Die Verluste der Achse beliefen sich schließlich auf eine halbe Million Mann. Aber erst zwei Monate später, im Januar 1943, gab Goebbels ein zurückhaltend formuliertes Kommuniqué heraus, in dem er sagte: „In Stalingrad haben unsere Truppen, die sich seit Wochen heroisch gegen einen von allen Seiten angreifenden Gegner verteidigen, gestern wiederum heftige Infanterie- und Panzerangriffe des Gegners unter hohen Verlusten für die Bolschewiken zurückgewiesen. Kommandeure und Truppen lieferten somit erneut ein leuchtendes Beispiel heroischen deutschen Soldatengeistes." Zwei Wochen später kapitulierte Paulus, und an der Ostfront begann ein allgemeiner deutscher Rückzug. In diesem Jahr ereignete sich sonst nur noch die große Schlacht am Dnjepr. Die baltische Küste war bis Ende Februar 1944 geräumt, und kaum mehr als drei Monate später begann die alliierte Invasion des deutschbesetzten Europa. Es waren schlimme Zeiten für Goebbels.

Am 8. September 1943 hatte Italien kapituliert. Für Deutschland bedeutete dies ein politisches Desaster zum denkbar schlimmsten Zeitpunkt. „Die Anglo-Amerikaner kriegen keine Luft mehr vor lauter Jubel über diesen Fall, der eine Umkehr der Niederwerfung Frankreichs im Jahr 1940 darstellt." Die italienische Kapitulation konnte nur dem „verräterischen König von Italien" in die Schuhe geschoben werden, „der seinen deutschen Verbündeten das Messer in den Rücken gestoßen hat." Andere Worte fielen Goebbels nicht ein, bis Mussolini von deutschen Fallschirmjägern aus dem Gewahrsam befreit wurde, in den ihn die Badoglio-Regierung gesperrt hatte, und die Führung einer Marionetten-Regierung in Norditalien übernahm, wo die deutsche Besetzung noch intakt war. Aus dieser Rettungsaktion machte Goebbels eine Propagandakampagne, die die Stimmung im Volk wieder hob. „Unter dem Blickwinkel der öffentlichen Moral wurde die Befreiung wie eine siegreich bestandene Schlacht dargestellt", schrieb General Kurt Dittmar, der offizielle deutsche Militärkommentator, in seinen Memoiren. (Dort konnte er es sich leisten; der Krieg war inzwischen vorüber.) Von „siegreich" war in Wirklichkeit keine Rede. Goebbels' Maßnahme diente dazu, die Aufmerksamkeit der Öffentlichkeit von gegenwärtigen und zukünftigen Rückschlägen abzulenken.

Der deutsche Geheimdienst wußte natürlich, daß eine Invasion bevorstand; aber der Punkt, an dem der Gegner ansetzen würde, war ungewiß. Die britische Gegenspionage führte das deutsche Oberkommando in die Irre und erzeugte Ungewißheit in bezug auf den Ort, an dem der erste Stoß erfolgen würde, und auf den alliierten Schlachtplan im allgemeinen. Die Täuschung gelang vollkommen. Obwohl es unmöglich war zu verheimlichen, daß der Angriff irgendwo entlang der Linie Cherbourg – Dünkirchen geführt werden würde, bestand Ungewißheit, ob er im Osten oder Westen dieses doch ziemlich breiten Küstenstreifens stattfinden sollte. Die deutschen Verteidigungspläne gerieten infolgedessen in beträchtliche Verwirrung.

In seiner Propaganda täuschte Goebbels Gleichgültigkeit vor und wartete, als immer deutlicher wurde, daß der Sommer 1944 die Entscheidung bringen würde, mit der Drohung auf: „Neue und verheerende Waffen werden London in einen Aschehaufen verwandeln." Er richtete Radiosendungen nach England, die die Aufgabe hatten, das Vertrauen in den Erfolg der Invasion zu unterminieren. „Wir warten nur darauf, daß ihr herkommt. Wir werden euch einen Empfang bereiten, den ihr niemals vergessen werdet. Es gibt keine Verteidigung, keine Warnung gegenüber unserer neuen Waffe, die London ausradieren wird, während eure Invasionstruppen an den Landungsorten ausradiert werden, die ihr für so geheim haltet."

Um vier Uhr am Morgen des 6. Juni wurde er mit den ersten Berichten der alliierten Landung geweckt. „Gott sei Dank sind sie endlich da!" rief er seinem Kammerdiener zu. „Jetzt beginnt die letzte Runde!"

Die Invasion als Fehlschlag hinzustellen, ließ sich nicht machen. Die alliierten Angriffe, die mit dem Durchbruch bei Avranches ihren Höhepunkt erreichten, machten das Unternehmen zweifelsohne zu einem Erfolg. Goebbels nahm Zuflucht zur Technik der verhüllten Andeutung. „Ich möchte nicht bestreiten, daß es dem Gegner gelungen ist, gewisse Anfangserfolge zu erringen. Ich kann mir jedoch vorstellen – ohne etwas Gewisses sagen zu können –, daß es im Rahmen unserer Strategie durchaus geplant sein kann, den Feind in großer Zahl in den Kontinent vordringen zu lassen. Nur auf diese Weise wäre es möglich, seinen Armeen eine entscheidende Niederlage zuzufügen."

Obwohl Goebbels nichts von Strategie verstand und gleich jedermann wußte, daß er nichts davon verstand, war seine kleine Andeutung, daß er geheime Informationen besitze, nicht ohne Wirkung. Diese begann er sofort aufzublähen. Zeitungs- und Radioberichte vermittelten den Eindruck, die alliierten Armeen würden für den Augenblick locker an dem Seil gegängelt, mit dem sie sich selbst erhängen sollten. Wenn sie fest und sicher auf französischem Boden zu stehen glaubten, dann würde man die Schlinge zuziehen. Den alliierten Truppen wurde diese Idee auf einmalig einfältigen Flugblättern übermittelt. Der Text der Blätter war unbeholfen, die Orthographie barbarisch. Die deutsche Propaganda nahm an, daß der britische Soldat sich noch immer als „Tommy" fühlte, der britische Matrose als „Jolly Jack Tar" − Klischees, die mit dem Ersten Weltkrieg das Zeitliche gesegnet hatten.

„Tommy! Glaubst Du, Jerry (der deutsche Soldat) hätte Dich so weit ins Land gelassen, wenn es nicht Pläne gäbe, Dich mit blutigem Kopf wieder hinauszuwerfen, sobald der richtige Zeitpunkt gekommen ist? Du spürst die Drohung in der Luft, und Du ahnst im Herzen, daß die Rache kommen wird. Ergib Dich jetzt, bevor Deiner Frau, Deiner Freundin die letzte Hoffnung auf ein Wiedersehen genommen wird."

Ein anderes Flugblatt sprach von den Gefahren, die „die Lieben daheim" bedrohten.

„Eure Offiziere haben Euch nichts über Jerrys Geheimwaffe gesagt, die Tag und Nacht Eure Häuser und Schlösser bombardiert und Euer Heim mit Euren Lieben darin längst dem Erdboden gleich gemacht haben mag. Das deutsche Oberkommando ist nicht so dumm wie Ihr denkt. Eure Invasion ist ein Fehlschlag. Ihr werdet niemals deutschen Boden erreichen. Wartet ab!"

Andere Flugblätter verwendeten Methoden der Pornographie. Sefton Delmer, der britische Journalist, der während des Krieges im Political Intelligence Department des Foreign Office arbeitete, berichtet von einem kichernden französischen Leutnant, der ihm in Frankreich im Jahr 1939 eines der Goebbelsschen Produkte zeigte, mit denen die Moral der französischen Truppe untergraben werden sollte. „Es bestand aus einem kleinen Bild auf sehr dünnem Papier, das einen französischen Soldaten darstellte, der an der Front seine Pflicht tat. Aber wenn man das Bild gegen das Licht hielt, erschien eine ganz andere Darstellung. Anstelle des braven Poilu sah man jetzt in unverhülltem Detail einen britischen Soldaten, der eine Frau begattete, die in der Unterschrift als die Braut des Franzosen vorgestellt wurde." Die Methode war damals insofern wirksam, als sie die allgemeine Moral, die ohnehin dem Tiefpunkt nahe war, noch weiter verringerte. In der Wiederholung — diesmal einen amerikanischen GI darstellend, der mit der Freundin des britischen Soldaten herumhurte — versagte sie kläglich.

Die geheime Waffe, von der man da sprach, war selbstverständlich das pilotenlose Flugzeug, das Goebbels selbst auf den Namen *„Vergeltungswaffe"* getauft hatte. Die erste dieser fliegenden Bomben startete neun Tage nach der Invasion, am 15. Juni, und die ersten V2-Raketen gingen am 8. September auf ihren verderbenbringenden Kurs. Die Idee hinter den Vergeltungswaffen war Demoralisierung und Zerstörung. Aber die alliierten Erfolge um Caen in Westfrankreich, im Fernen Osten (wo Japans Versuch, nach Indien einzudringen, in der Schlacht von Imphal zurückgewiesen worden war) und an der Ostfront, wo der russische Vorstoß nach Polen und der Warschauer

Aufstand die Überreste der deutschen Armeen dezimiert hatten, waren wie Schlücke eines belebenden Weins für ein Volk, das bis zum Wendepunkt des Krieges im Jahr 1942 eine Kalamität nach der anderen hatte hinnehmen müssen. Demoralisierung war nicht mehr möglich. Die Geheimwaffe kam für die Vergeltung zu spät. Der fünftägige Vorstoß der 2. Armee unter Montgomery von der Seine bis nach Antwerpen hatte alle Abschußstellen an der Straße von Calais überrannt, und die massiven Bomberangriffe auf die Produktionszentren verhinderten, daß die Raketen in ausreichender Zahl hergestellt werden konnten. Obwohl ungeheure Zerstörungen angerichtet wurden (über eine Million Häuser wurden entweder vernichtet oder beschädigt) und die Zivilbevölkerung hohe Verluste erlitt, konnte nichts mehr darüber hinwegtäuschen, daß Deutschland durch die Vorstöße der Alliierten von Westen, Süden und Osten zerdrückt wurde. Es gab Rückschläge, gewiß. Die Luftlandung in Arnhem und die Ardennenschlacht sind Beispiele. Aber die Herzen der Briten schlugen höher, als am 20. Juli bekannt wurde, daß man ein Attentat auf Hitler verübt hatte, und noch höher, als am 17. September die Verdunklungsvorschriften abgeschafft wurden.

Goebbels war mit seiner Propaganda am Ende. Als die alliierten Armeen an den Grenzen Deutschlands standen, hatte es keinen Sinn mehr, das Volk überzeugen zu wollen, daß noch Hoffnung – womöglich gar Hoffnung auf Sieg – vorhanden sei. Goebbels selbst indes avancierte zu einer Position noch größerer Macht. Am Tag nach dem Attentat von Rastenburg gab Hitler ihm den neuen Titel „*Generalbevollmäch-tigter für den Totalen Kriegseinsatz*". In einer Rund-funkansprache sagte er: „Der Führer hat gestern den Befehl erlassen, der heute in der Presse veröffentlicht wird, wonach der gesamte Staatsapparat einschließlich der Reichsbahn, der Reichspost sowie aller öffentlichen Institutionen, Organisationen und Betriebe, daraufhin zu untersuchen sind, wie eine möglichst große Anzahl von Menschen für die Rüstungsindustrie und den Dienst in der Wehrmacht freigestellt werden können, und zwar durch noch rationellere Beschäftigung derjenigen, die in den zuvor genannten Organisationen arbeiten, durch die Einstellung oder Kürzung von Tätigkeiten, die für die Kriegsführung von geringerer Bedeutung sind, und durch die Vereinfachung organisatorischer Strukturen und Prozeduren. In Übereinstimmung mit dem Befehl des Führers muß die Gesamtheit des öffentlichen Lebens in jeder Weise den Erfordernissen des Totalen Krieges angepaßt werden. Alle öffentlichen Tätigkeiten müssen mit den Zielen des Totalen Krieges in Einklang stehen und dürfen vor allen Dingen keinen einzigen Mann aus den Streitkräften oder der Rüstungsindustrie abziehen. Mit einem Wort: Der Totale Krieg wird zur praktischen Wirklichkeit. Die umfangreichen Aufgaben, die mit dieser gigantischen Reorganisation verbunden sind, werden in die Hand eines ‚Generalbevollmächtigten für den Totalen Kriegseinsatz' gelegt, der, seinem Amt entsprechend, vom Führer mit weitreichenden Vollmachten ausgestattet wird. Auf den Vorschlag des Reichsmarschalls hat der Führer diese Aufgabe mir übertragen und mich zum ‚Generalbevollmächtigten für den Totalen Kriegseinsatz' ernannt."

Der erste Aspekt der „praktischen Wirklichkeit" war die Abrechnung mit den Verschwörern des 20. Juli. Sie zählten nach Tausenden. Man durchsuchte Himmlers Unterlagen und stempelte jeden zum Verschwörer, hinter dessen Name eine verdächtige Tätigkeit, und sei sie auch von noch so geringer Bedeutung, eingetragen war. Sie alle wurden ohne Gerichtsverfahren entweder umgebracht oder ins Konzentrationslager geschickt. An den Hauptfiguren im Herzen der Verschwörung mußte man jedoch ein Exempel statuieren. Allein Rommel, der ebenfalls in das Komplott verwickelt war, bekam Erlaubnis, sich durch Selbstmord dem Tribunal zu entziehen.Die acht Anführer der Verschwörung wurden geprügelt, gefoltert, vor dem Volksgerichtshof verurteilt und an dünnem, an Fleischerhaken befestigtem Draht erhängt. Das Erhängen wurde mit aller Behutsamkeit vorgenommen, so daß der Tod erst nach geraumer Zeit eintrat und den Opfern ein Höchstmaß an Schmerz bereitet wurde.

Da seine Tage als Propagandist nun vorüber waren, betätigte Goebbels sich als Menschenquäler und Prophet der Düsternis. Seine sadistische Ader, die in der Grausamkeit zum Ausdruck kam, mit der das Todesurteil an den Verschwörern des 20. Juli vollstreckt wurde, zeigt den Mann, der von der Mißhandlung des menschlichen Bewußtseins, die ursprünglich sein Metier war, jetzt zur Mißhandlung des menschlichen Körpers überging. Seine düsteren Prophezeiungen bezogen sich in der Hauptsache darauf, daß er nun erklärte, es befinde sich kein weiterer Pfeil im deutschen Köcher. „Laßt uns keinen Irrtum begehen", sagte er auf der Besprechung am Morgen des 29. November 1944. „Wir haben nichts mehr. Es *gibt* keine Wunderwaffen."

Er akzeptierte das Versagen seiner eigenen Propaganda. Vom Augenblick der Invasion an hatte er bei jeder sich bietenden Gelegenheit geschrien, die Lage werde sich mit Hilfe der deutschen Geheimwaffen wenden lassen, durch die brillante Strategie des Führers, durch das Heldentum der deutschen Truppen, durch den unversöhnlichen Widerstand des deutschen Volkes gegen die vorrückenden „Horden des Bolschewismus". Nach der V1 und der V2 gab es keine Überraschungen mehr auf dem Gebiet der Waffentechnik; die Tapferkeit der deutschen Truppen ertrank in der zahlenmäßigen Übermacht des Gegners; die Strategie des Führers war so hirnverbrannt wie der Mann selbst; und die Drohung der anrückenden Bolschewiken brachte das Volk zu weiter nichts, als daß es seine Siebensachen zusammenpackte und floh, dabei in seiner Kopf- und Hilflosigkeit die Straßen verstopfend, die eigentlich den Truppen und dem Nachschub hätten vorbehalten sein müssen.

Ungeachtet der Hoffnungslosigkeit, mit der Goebbels die Zukunft sah, entfachte er das alte Feuer der Begeisterung noch einmal, als um Weihnachten 1944 die Ardennenschlacht tobte. Er schrie sich die Kehle wund, der Feind habe angesichts des massiven Vorstoßens der deutschen Armeen alle Angriffspläne aufgeben müssen. Er verkündete mit Stolz, der Kommandant des 47. Panzerkorps habe Bastogne zur Übergabe aufgefordert und das triumphale Ende der Ardennen-Kampagne sei in Sicht. (Er schwieg sich natürlich darüber aus, daß der amerikanische Kommandeur, der Verteidiger von Bastogne, die Aufforderung unelegant, aber nachdrücklich mit einem einzigen Wort abgelehnt hatte: „Quatsch!") Das Ende war tatsächlich in Sicht, das der Ardennen-Kampagne und aller anderen Dinge auch. Aber von Triumph war keine Rede. Goebbels' Geschrei wandelte sich zu dumpfem Gemurmel über ein mögliches Abkommen zwischen Großbritannien, Amerika und Deutschland zur gemeinsamen Bekämpfung des bolschewistischen Terrors. Wer an diese Möglichkeit glauben konnte, der konnte alles glauben — auch daß es dem wilden, bunt zusammengewürfelten Haufen der *Werwölfe* möglich sein werde, Berlin zu verteidigen.

Berlin wurde nur schwach verteidigt. Am 22. April 1945 rückten die russischen Truppen in die nördlichen Vororte ein. Hitler befand sich in seinem Bunker unter der Reichskanzlei, hatte einen Wutanfall nach dem anderen und teilte dem Volk über Rundfunk mit, daß sein Führer in Berlin zu bleiben und — falls notwendig — mit dem Volk zu sterben gedächte. Er schickte dann nach Goebbels, Magda und ihren Kindern, gewiß, daß sie die einzigen Anhänger waren, die bis zum bitteren Ende bei ihm ausharren würden. „Alles andere ist voller Verrat, Hinterhältigkeit, Verdorbenheit, Lügen und Feigheit." Er hatte guten Anlaß für solche Zornesausbrüche. Göring war auf dem Obersalzberg und wartete auf die Benachrichtigung, daß er die Führung des Reiches übernehmen solle. Himmler befand sich in Lübeck und arbeitete mit Graf Bernadotte an einem Plan, wonach er General Eisenhower die Kapitulation anbieten wollte, vorausgesetzt ihm, Himmler, würde die Macht eines Diktators zugestanden. Goebbels erschien sofort. Er brachte Magda und die Kinder mit. Sechs Tage lang blieben sie bei Hitler und dem Rest seines Gefolges, einschließlich seiner Freundin Eva Braun, während die Russen die Stadt einschlossen und Granaten in der Reichskanzlei detonierten. Am Morgen des 29. April, eines Sonntags, hatte Goebbels die makabre Aufgabe, bei des Führers Hochzeit Trauzeuge zu sein. Sofort danach erklärte ihn Hitler per Dekret zum Kanzler des Deutschen Reiches (nachdem Göring, Himmler und Ribbentrop als Verräter deklariert worden waren) und befahl ihm, mit seiner Familie Berlin zu verlassen, solange es noch möglich war.

Aber Goebbels versagte sich selbst und seiner Familie die letzte Chance der Flucht. Er bewies damit seine Courage und die fanatische Liebe zu seinem Führer, über die er mit so schwülstigen Worten in seinen Tagebüchern geschrieben hatte.

„Der Führer hat mir befohlen", schrieb er, „Berlin zu verlassen, falls die Reichshauptstadt fallen sollte. Zum ersten Mal in meinem Leben weigere ich mich kategorisch, seinem Befehl zu gehorchen. Meine Frau und meine Kinder sind mit dieser meiner Weigerung einverstanden. Anderenfalls würde ich mich für den Rest meines Lebens als ehrlosen Verräter betrachten und als feigen Schurken, der keinen Respekt vor sich selbst hat und vor dem sein Volk keinen Respekt haben kann.

Im Delirium der Heimtücke, das den Führer in diesen entscheidenden Tagen des Krieges umgibt, muß wenigstens einer da sein, der an seiner Seite steht, ohne zu schwanken, selbst bis in den Tod.

Indem ich dies tue, glaube ich, dem deutschen Volke den bestmöglichen Dienst zu erweisen. In der schweren Zeit, die vor ihm liegt, wird es Beispiele nötiger haben als Männer. Männer lassen sich immer finden, die die Nation auf den Weg zur Freiheit führen. Aber der Wiederaufbau unseres Lebens als Nation wäre unmöglich, könnte er sich nicht auf klare, eindeutige Beispiele stützen. Aus diesem Grund spreche ich im Namen meiner Frau und meiner Kinder, die noch zu jung sind, um für sich selbst zu sprechen, aber gänzlich meiner Meinung wären, wenn sie das nötige Alter besäßen, und ich drücke hiermit meinen unwiderruflichen Entschluß aus, die Reichshauptstadt nicht zu verlassen, wenn sie fallen sollte, sondern lieber an des Führers Seite ein Leben zu beenden, das für mich keinen Wert mehr besäße, könnte es nicht für den Dienst an meinem Führer und an seiner Seite eingesetzt werden."

Der letzte in der Reihe der Kanzler des Deutschen Reiches, Paul Joseph Goebbels, trat sein Amt am Montag, dem 30. April, um 15.30 Uhr an.

Ein paar Minuten zuvor hatte Hitler sich durch einen Schuß in den Mund getötet, nachdem er Eva Braun an einer Dosis selbst eingenommenen Gifts hatte sterben sehen. Die Leichen wurden im Garten der

Reichskanzlei verbrannt. „Für mich", erklärte Goebbels seinem Adjutanten Schwägermann, „wird man ebenfalls einen Scheiterhaufen herrichten. Meine Frau und Kinder schließen sich mir an. Schüsse — durch Herz und Kopf, dann das feurige Ende. Es wird ein kleines Walhalla hier im Garten geben. Götterdämmerung."

Es waren eigenartige Götter, deren Dämmerung sich nun herabsenkte. Aber daran, daß sie in ihrer Zeit Götter gewesen waren, gibt es keinen Zweifel. Hitler, krank an Geist und Körper, den fanatischen Blick auf die Weltherrschaft gerichtet. Göring, korrupt und erfüllt von unglaublicher Selbstüberschätzung, die aus seinen wahren, unbestreitbaren Fähigkeiten als Flieger des Ersten Weltkriegs gewachsen war. Himmler, schwach und ständig auf der Suche nach jemand, an dem er sich festhalten konnte, während er seine verrückten Pläne zur „Reinigung" der deutschen Rasse verfolgte.

Und Goebbels, der Meister der Bewußtseinsformung, der den anderen Achtung und Gehorsam verschafft hatte, indem er durch rückhaltlose Lüge den Geist eines Volkes versklavte. Eigenartige Götter in der Tat!

Man muß Goebbels zugute halten, daß er, als Granaten auf die Reichskanzlei fielen und das Nahen des Feindes — der Klang russisch sprechender Stimmen — aus geringer Entfernung zu hören war, seine Kinder beruhigte, indem er ihnen eine Gutenachtgeschichte vorlas, und, als sie am Einschlafen waren, Magda zuwinkte, sie solle Dr. Ludwig Stumpfegger holen, Hitlers Leibarzt, der sich seit zwei Wochen im Bunker aufhielt. Eines nach dem andern erhielten die Kinder Injektionen von Nembutal. Ihre Gesichter im Tod waren ebenso friedlich wie das Ende der Gutenachtgeschichte.

Ein paar Minuten später stiegen Goebbels und Magda vom Bunker zum Garten hinauf. Schwägermann wartete bereits. Er hielt eine Pistole in der Hand. Auf dem Boden neben ihm stand ein Kanister Benzin. Zwei Schüsse wurden abgefeuert. Seinem Befehl getreu, setzte Schwägermann die Leichen in Brand. Wenige Stunden später wurden sie, häßlich und verkohlt, von Marschall Schukows Truppen entdeckt. Photographien wurden gemacht. Dann warf man die leblosen Körper zusammen mit denen der Kinder in ein Massengrab, dessen Lage zu notieren man sich nicht die Mühe machte. Die ironische Anonymität gewöhnlicher Erdschollen polterte auf den Evangelisten des Dritten Reiches hinab.

Martin Pfitzmann
U-Boot-Gruppe Eisbär

Seit April 1942 passierten die im
Nord-Süd-Verkehr von und nach
England laufenden Geleitzüge in
immer stärkerem Maße die Westküste
Afrikas, um den sparsamsten und
kürzesten Weg nach Norden oder
Süden zu nehmen. Als Schwerpunkt
des ökonomischen U-Boot-Einsatzes
plante der Befehlshaber der U-Boote
somit das Seegebiet vor Kapstadt,
zumal nach Norden oder Süden
Handelsschiffe aus der östlichen Welt
um das Kap der Guten Hoffnung
fuhren. In den Tagen vom 16. bis 19.
August 1942 liefen sechs Boote vom
Typ IX c und ein U-Boot-Tanker von
den Biskaya-Häfen aus – die U-Boot-
Gruppe „Eisbär". Ihre Unternehmungen vor Kapstadt schildert dieser neue
Band der Reihe MOEWIG DOKUMENTA-
TION.
4351-6 DM 8,80/öS 75,–
Originalausgabe